KB056550

애널리스트 **최정용**의 **투자** 철학과 **경험사례**

증권투자는
게임이다

증권투자는 게임이다

1판 1쇄 인쇄일 ㅣ 2021년 10월 14일

1판 1쇄 발행일 ㅣ 2021년 10월 25일

지은이 ㅣ 최정용

발행인 ㅣ 현지혜

발행처 ㅣ 휘즈북스

편집 ㅣ 김승환

편집디자인 ㅣ 김화정

영상촬영편집 ㅣ 박보형 · 공연화

블로그·인스타그램 홍보 ㅣ 이지연

서점 영업마케팅 ㅣ 최문섭

홈페이지 관리 ㅣ 이재우

도서유통 ㅣ 한국도서유통

주소 ㅣ 경기도 성남시 수정구 상적동 248-12 1층

전화 ㅣ 02-568-2897

팩스 ㅣ 02-566-2898

홈페이지 ㅣ www.whizbooks.co.kr

책 관련 블로그 ㅣ blog.naver.com/whizbooks

애널리스트 **최정용**의 **투자 철학**과 **경험사례**

증권투자는 게임이다

◆ Prologue ◆

프롤로그

2021년 9월 말 현재 대한민국이 4천만 증권계좌 시대가 되었다. 자본주의 꽃이라고 하는 증권 시장이 만개했다는 의미다. 필자는 21살 나이에 아버지의 제안으로 첫 증권 계좌를 만들었고, 이후 10년 동안 매일 증권과 관련되는 공부를 하고 거래를 하며 살아왔다. 증권은 세상 밖으로 나와서 내가 선택한 두 번째 경제적 활동이었고, 스스로의 생각과 선택으로 행한 사회적 활동이었다. 그리고 무엇보다 증권을 통해 많은 사람들을 만나 교류하게 되었고, 나름 세상과 사람을 보는 안목을 가지고 세상을 배운 계기가 되었다.

필자는 대학 4학년인 2016년부터 주식을 하는 주변 친구와 지인들에게 주식 관련 정보를 제공하며 동호회를 운영해왔다. 그 동호회가 주식 공부를 더 열심히, 지속적으로 하는 계기가 되어 애널리스트로 성장하는 기폭제가 되었다. 그래서 2019년 국내 투자자문사에서 애널리스트로 활동하며 주식 투자자들에게 종목정보를 제공하며 주식으로 돈을 벌 수 있다는 확신을 주기도 했다. 그리고 지난 10년간의 투자경험과 증권과 경제 관련한 지식이 힘이 되어 2020년 11월 법인 SSPC를 설립하고 요식업, 카페, 투자자문 등의 비지니스를 영위하고 있다.

주식은 결코 쉬운 시장이 아니다. 그렇다고 전혀 길이 없는 시장도 아니다. 주식은 과학이다. 투자자가 알고 베팅하는 만큼 금전적인 대가가 주어지는 시장이다. 다만 그 과정에서 지나친 욕심이나 감만 믿는다면, 백전백패한다. 정확한 팩트를 겸허히 받아들이고 정석대로 투자하고 절대 욕심부리지 않고 물 흐르듯, 투자하고 배팅하면 반드시 성공할 수 있는 시장이다. 필자는 26살 무렵 지나친 욕심을 부려 신용으로 가진 돈의 4배로 투자금을 불려 한 바구니에 모든 것을 담았다. 그 결과는 참담했다. 그 여파로 잠시 양화대교 난간에 오르기까지 했으나, 결국은 예의 나로 돌아왔다. 그리고 그 실패가 교훈이 되어 정도를 걸으며 주식 시장을 배우고 투자를 하고 있다.

성공적인 주식 투자하려면 지식.
안목, 트렌드, 시장의 메커니즘 파악해야

    주식을 하면서 증권 시장에서 40-50년 잔뼈가 굵은 분들을 많이 알게 되었다. 그 분들 중에는 전문가들도 있고, 증권으로 큰 부자가 된 자산가들도 있다. 그런 분들을 보면 "아직 내가 갈 길이 멀다!"라는 생각을 하곤 한다. 그런 한편 이제 주식을 막 시작하는 사람들을 보면 여러 가지 배워야 할 점이 많다는 사실도 알게 된다. 지난 10년간 주식시장 공부를 하고 주식 투자를 하면서, 주식을 하려면 경제 흐름에 대한 지식과 안목, 기업의 비즈니스 현황과 성과에 대한 지식과 판단, 그리고 시장을 움직이는 세력의 활동반경과 메커니즘을 정확하게 파악해야 한다는 점을 알게 되었다.

    주식시장 거래 10년의 일천한 경험이지만 필자는 지난해부터 이 책을 준비해왔다. 그 이유는 스스로 공부하며 배운 투자 관련 지식을 처음 주식을 시작하는 사람들과 나누고 싶기 때문이다. 그리고 무엇보다 26살 주식 초보자 시절 내가 겪은 실패 사례를 나누고 나와 같은 실수를 반복하지 않도록 하고 싶기 때문이다. 필자 주변에는 주식 정보를 공유하고 주식을 하고 있는 친구와 지인들이 수 백명 된다. 그들에게 말로, 카페의 글로 내가 가진 지식과 정보를 공유하고 있지만, 모든 것을 다 전달하지는 못했다. 그런 측면에서 언젠가 주식 투자자들에게 도움이 되는 투자에 필요한 실전 사례와 전략을 다룬 가이드북을 한 번 만들어봐야겠다는 생각을 했다. 그러한 생각과 의도들이 담겨진 글이 이 책인 셈이다.

2부 5장의 책에 담은
증권시장 학습경험과 투자전략

본서는 1, 2로 구성된다. 1부는 주식을 처음 시작하는 사람들을 위해 주식 투자의 기본부터 다루고 있다. 2부는 그 동안 경험한 주식시장 학습과 투자 경험 사례를 통해 기본기를 익히는 방법과 과정을 소개했다.

1장 '다양한 상품으로 재테크 포트폴리오와 구성'에서는 재테크 전략을 분야별로 설명한다. 특히 재테크 전략에서 필자가 직접 체험하고 실행하고 있는 것을 다루고 있다. 올바른 재테크를 하기 위해 21세기 초반의 경제와 투자 흐름에 대한 내용을 담고 있다.

2장 '애널리스트의 증권종목 투자전략과 투자사례'에서는 투자전략을 담는다. 여기서는 증권투자를 위해 성장산업과 투자섹터, 종목과 포트폴리오 구성전략, 주식 매매기법과 비중담기, 투자금 확보전략과 증시의 돌발변수 등에 대한 내용을 포함하고 있다.

3장 '코로나19 시대의 성장산업과 증권시장 트렌드'에서는 코로나19 시대 이후의 주가 등락의 특징과 성장산업에 대해 설명한다. 그리고 4차 산업혁명 시대의 성장산업과 관련 기업과 섹터 및 구체적인 종목에 대해 소개한다.

4장 '아버지의 훈육과 10대의 재능과 꿈 키우기'에서는 필자가 10대부터 20대까지 학업을 하면서 중고거래를 통해 기업가정신을 함양하고 세상을 체험한 스토리를 담는다. 특히 그 과정에서 스스로 재능을 발견하고, 하고 싶은 일을 주저하거나 두려움 없이 실행하며 실천력을 키운 과정을 담는다.

5장 '21살에 증권투자 시작, 실패를 통해 거듭난 투자훈련기'에서는 증권계좌 개설에서부터 애널리스트로 성장하기까지 증권 시장을 공부하면서 나름의 투자철학과 전략을 터득하고 실천하는 과정을 담는다. 그리고, 8단계의 투자훈련기를 통해 투자자로서, 애널리스트로 서게 된 계기와 체험사례를 담고 있다.

이 책을 마무리하면서 마지막으로 필자의 오늘이 있기까지 옆에서 지원하고 도와준 사람들에게 감사하는 마음을 나누고 싶다. 먼저 나의 정신적인 지주이자, 재테크마인드를 갖는 계기를 제공해준 아버지, 어머니에게 무엇보다 감사를 표시하고 싶다. 그리고 10대와 20대 시절 나와 함께 학창시절을 보내면서, 세상을 체험하며 나름의 삶을 개척해가고 있는 친구들과 선후배들에게 감사하고 앞으로 그들과 펼쳐갈 미래의 삶에 기대를 하고 싶다.

이와 함께 증권 투자를 하면서 알게 된 경영의 선배님들에게 부족함이 많은 필자를 늘 격려하고 값진 경험지식을 공유해준 배려와 나눔의 마인드에 감사하며, 필자도 앞으로 선배님들과 같은 배려하고 나누는 경영자의 길을 걸어갈 것을 다짐한다. 그리고 무엇보다 지난해 투자자와 애널리스트로 만나서 필자에게 여러 가지 사회적 경험 사례를 전달하며 미래를 향한 영감을 주는 가운데, 이 책의 기획과 집필, 편집 과정을 도맡아서 해준 휘즈북스 현지혜 대표님에게 마음 깊이 감사의 마음을 전하고 싶다. 그리고 마지막으로 2020년 필자와 가정을 이루고 첫 아이를 출산한 후 양육활동에 전념하며 영육의 쉼터를 제공해주는 아내와 아이에게도 감사하는 마음을 갖는다.

2021년 9월 가을이 오는 문턱에서   최정용

목차 ─────────────────────────

◆ 제 3 장 ◆
코로나19 시대의 성장산업과 증권시장 트렌드

2부 재능 키우고 증권투자 기본기 터득하기

◆ 제 4 장 ◆
아버지의 훈육과 10대의 재능과 꿈 키우기

◆ **제 5 장** ◆
21살에 증권투자 시작, 실패를 통해 거듭난 투자훈련기

◆ 1부 ◆

애널리스트의
투자 원칙과 실제 사례

◆

제 1 장

다양한 상품으로 재테크 포트폴리오 구성

◆

제 2 장

애널리스트의 증권종목 선성전략과 투자사례

◆

제 3 장

코로나19 시대의 성장산업과 증권시장 트렌드

◆ 제1장 ◆

**다양한 상품으로
재테크 포트폴리오 구성**

재테크 전략 01
포트폴리오 구성 방법과 주식투자 원칙

주식을 할 때 반드시 지켜야 할 원칙이 있다. 여기서 원칙 6가지를 먼저 정리해보자.

원칙 1 _ 자금 비중을 두고 분할 매수하고, 포트폴리오 구성하여 분산 투자한다

분할, 분산투자의 기본 목적은 리스크를 관리하기 위해서다. 간단한 것으로 보일 수 있지만, 주식 거래를 하다보면 간과하기 쉬운 원칙이다. 수익률을 높이기 위해서, 반드시 모든 투자는 분할, 분산으로부터 시작해야 한다. 그 이유를 잘 이해할 수 있도록 여기서 투자 사례를 들어보려고 한다.

　1천만원을 A란 종목에 전액 매수를 하게 되었을 경우와 500만원씩 2종목(A,B)에 투자를 했을 경우를 비교해보자. 주식시장은 아무리 전문가라고 해도 생각한대로 움직이지 않을 뿐 아니라, 내가 준비되었을 때까지 기다려주지 않는 시장이다. 대외적인 글로벌 악재(코로나19 등)가 발생했을 경우 그 모든 투자는 의미가 없다. 하지만 특정한 산업 악재로 인해 하락일 경우 분산투자의 장점이 부각된다.

　예를 들면, 종목 A는 반도체, B는 바이오 섹터라고 생각하자. 코로나19 악재로 인해 반도체는 약세를 보이고, 반대로 바이오는 강세를 보인다. 결국 A라는 종목에 1천만원을 전액 투자한 사람은 회복할 때 긴 호흡이 필요하고, A와 B 종목에 투자한 사람은 A 종목이 약세를 보이겠지만, B 바이오 종목에서는 강세를 보일 수 있다. 결국 손실 폭은 전액 투자자보다는 적을 것이며, 오히려 수익이 날 가능성이 높다. 이것이 모든 투자 상황에서 요구되는 분산투자이다. 앞으로 나올 투자유형에 대해 필수적으로 익혀야 할 개념이다.

　또한 분할매수는 말 그대로 한 번에 전액 투자하는 것이 아니고, 몇 차례 나누어 매수하는 행위를 말한다. 처음부터 투자금에 대해 정의하지 말고, 월급의 30%는 매달 적금식으로 매수를 한다는 생각을 가지고 접근하는 것이 가장 안정적일 수 있다.

A, B가 투자금 500만원으로 분할매수한 예를 들어보자. A는 500만원으로 C란 종목을 10,000원에 매수하였고, B 또한 250만원으로 같은 종목을 10,000원에 매수하였다.

매수 경과 5거래일 후 C란 종목이 두 사람의 매수가보다 -10% 하락한 상태(현재가: 9,000원)가 되었을 때, B란 사람은 아직 250만원이라는 투자금이 남아 있다. 이때 B는 9,000원에 250만원으로 추가매수를 통해 평균단가를 9,500원으로 낮출 수 있다. 그래서 A보다 손실 폭이 줄어들게 되었으나, 투자금은 동일하다. 그렇다면 B는 C종목이 9,500원 이상이 되었을 경우 본전 매도가 가능하겠지만, A는 손실 때문에 손절매 하기도 힘들고, 결국 매도하지 못하게 될 수도 있다.

이러한 분할매수는 증권투자에서 가장 기본적인 원리이며 원칙이다. 그러나 현실에서 많은 사람들이 간과하고 있는 부분이다. 모든 투자의 중심에 있어 견고함은 작은 원칙과 원리로부터 나오게 된다. 이 내용은 앞으로 나올 모든 투자유형에 대입시킬 수 있으며, 우리의 삶에 필요한 생활 방식이기도 하다.

원칙 2 _ 재테크 포트폴리오 증권, 금테크, 부동산. 환테크, 가상화폐 순으로

투자 포트폴리오를 구축할 때는 증권, 금테크, 부동산. 환테크, 가

상화폐 순으로 하는 것이 바람직하다. 투자에 필요한 시드머니 증식을 위해 먼저 소액 투자도 가능한 주식 투자부터 하는 것이 바람직하다. 이후 선물, 옵션, 펀드에 전문가가 될 정도로 학습을 마친 후 투자하는 것이 바람직하다.

특히 증권은 소액 자본으로도 충분히 투자가 가능하다. 무엇보다 21세기 초반 첨단 기술의 발전으로 앱을 통한 거래를 할 수 있기 때문에 다른 형태의 투자보다 접근성이 양호하다. 그래서 요즘은 온라인 앱에 익숙한 사회 초년생들이 증권에 많은 관심을 가지고 투자를 하고 있다.

금테크도 증권과 동일하게 큰 자본이 필요한 투자는 아니다. 적금처럼 지속적인 관심과 투자가 필요한 재테크이다. 국내의 많은 은행에서 금통장이 발급되고 있기 때문에 금통장에 입금을 하면 금으로 환산이 된다. 적금을 하려고 하면 반드시 금테크를 할 것을 권장한다.

부동산은 소자본으로 접근하기가 힘들다. 그래서 먼저 앞에 언급한 증권과 금테크로 투자에 대한 지식을 터득하며 자신만의 투자철학을 정립하는 것이 바람직하다. 그런 연후 자본금을 마련한 후 투자의 꽃이라고 할 수 있는 부동산 투자를 시작하는 것이 바람직하다.

환테크와 가상화폐는 앞에 나온 투자방식보다는 리스크가 더 크기 때문에 많은 검토와 집중을 필요로 한다.

원칙 3 _ 단타는 하루를 넘기지 말고 정리하라

현재 시장의 현금 흐름도와 등락폭은 굉장히 빠른 속도로 움직이고 있다. 글로벌 시장의 어수선한 움직임에 비례하여 국내 시장 또한 어수선하다. 많은 단타 투자자들의 경우, 테마주, 정책주, 대선주 등과 같은 급등 급락하는 종목에 많은 비중을 둔다. 위 테마의 종목일 경우 많은 거래량을 요구한다. 거래량이 많아야만, 매수와 매도가 용이하기 때문이다.

2021년 현재의 시장으로 예를 들어보자. 요즘 유행인 대선주를 단타로 들어가서 오버나잇을 했을 경우, 그 날 저녁에 대선주자의 악재 또는 토론의 부재로 인해 다음 날 급격한 하락을 맞을 수 있다. 그만큼 오버나잇은 큰 리스크를 안고 가야 하는 부분이다.

원칙 4 _ 장기투자는 배당주 위주로 하라

장기투자인 경우 배당주 위주로 투자를 한다. 배당은 주식회사가 투자한 주주에게 배당금과 배당주식으로 지급하는 경우다. 기아차 같은 경우 필자가 7년 동안 받은 배당금은 7천만원인데 비해, 주식

으로 받은 배당주식은 9천에서 1억 가까이 된다.

특히 전년 대비 실적이 우수한 기업과 영업이익이 대폭 상승한 기업일 경우, 연말에 배당금이 늘어날 가능성이 높다. 예를 들면, 최근 코로나19로 인해 진단키트가 불티나게 팔려나갔다. 이 경우 관련 주식인 씨젠, 엑세스바이오, 진매트릭스 등 진단키트 관련 업종 기업들의 영업이익이 많게는 500% 이상 상승했다. 이런 기업들의 주가도 상승할 뿐만 아니라, 배당까지 받을 수 있으니 일석이조의 투자다.

원칙 5 _ 승률 70% 이상이면 대출금으로 투자해도 좋다

승률 70% 이상일 때 운영자금은 신용대출이 답이 될 수도 있다. 필자의 경우 코로나19 사태로 주식이 빠졌을 때, 주변 사람들로부터 돈을 빌리고 대출을 받아 주식을 샀다. 계산해보니 2억을 투자해서 4억을 벌었다. 그러나 승률이 높지 않은 경우, 대출을 받아 주식 투자하는 것은 절대 해서는 안된다.

투자 앞에서 100%라는 확률은 존재하지 않는다. 하지만 60% 이상의 확률만 있어도 성공적인 투자라고 할 수 있다. 어떤 투자에 있어서 70%의 확률은 어마어마한 수치라고 할 수 있다. 그렇기 때문에 조금 더 무리할 수도 있는 투자가 더 큰 자본금 확보 기회를 만들어 줄 수 있다. 필자의 경우 신용대출을 자본금 증식의 수단으로 사용하며 성공했다. 그런 점을 고려하여 적극적으로 고려해볼 것을 권장한다.

원칙 6 _ 기업 실사하며 정보의 진위 파악 후 투자하라

다섯 번째, 성장 가능성 있는 기업에 주목해야 하며, 투자하기 전 실사를 하고 주식 담당자와 미팅을 해서 정보의 진위를 파악해야 한다. 이 때 실제 기업 운영은 하지 않고, 서류상 회사인 페이퍼 컴퍼니를 조심해야 한다.

재테크 전략 02
증권과 부동산 투자 적기,
산업과 시장상황에 따라 교차

2021년 9월 현재 한국에 산다면 부동산 투자가 적기인가? 증권
투자가 적기인가? 해답은 먼저 시장 상황에 있다.

2018년 1가주 1주택 초과자 중과세 및
임대차3법으로 부동산 거래 하락

최근의 시장변화 상황을 한번 살펴보자. 먼저 부동산은 2018년
이후 쏟아져 나온 부동산 투자 억제책과 임차인 보호를 위한 임대차
3법의 시행이 부동산 투자의 큰 걸림돌로 작용하고 있다. 1가구 1주
택 정책에 의해 보유세인 종부세가 과거의 4배로 상향되었다. 그리

고 투자제한구역에 대출 규제가 가해지면서 신규 분양이나 매수 자금 조달에 걸림돌이 생겼다. 이에 기존 주택 보유자들은 신규 주택 구입에 따른 세금 부담의 벽을 넘지 못해 거래 절벽 상황이 계속되고 있다.

또한 임대차3법에 의해 임대기간이 2년이라도, 2년 더 추가하여 최장 4년 임대가 보장되기 때문에 전세 매물이 부족하다. 이로 인해 최장 임대 4년을 고려하여 전세가 평균 20% 이상 상승했다. 그 때문에 전세금은 오르고, 실제 전세 이주자들의 숫자도 줄어들어 부동산 거래가 급격하게 줄었다. 이러한 두 가지 요인에 의해 한국 다주택 보유자들이 세금 폭탄을 맞게 되면서, 주택 거래 수요가 급격히 줄어들었다. 중산층들의 부동산 투자욕구가 사라지게 되면서, 새로운 투자처로 증권 시장이 부상하기 시작한 것이다.

2008년 서브프라임 모기지 파동 이후 부동산 시장 급락, 증권 시장 투자처로 부상

한편으로 보면, 2008년 미국발 서브프라임 모기지 파동으로 부동산 시장이 내리막길로 빠지고 이후 반사적으로 증권 시장이 투자처로 급부상했다. 이 때 선박, 항공, 운송, 무역 등의 경기가 신속하게 회복되었고, 중공업주가 큰 폭으로 성장했다. 2010년 조선업이 호황을 누리면서 LNG선박 납품기업도 성장했다. 선박의 경우 계약 시 배를 띄우는 숫자를 기준으로 매출을 계산한다. 2020년 시작된 코로나 시대에는 코로나 이후에 배 운항이 증가할 것이라 가정하고 운임지수가 상승했다.

조선업이 성장하면서 무역업도 성장하기 시작했다. 2018년까지 항공업 주가가 최고로 상승했고, 2020년 코로나 사태 이후 잠시 주춤했던 항공산업이 다시 호황을 누리고 있다. 코로나 이후 다시 성장할 것이란 기대 속에서 관련 주식인 아시아나 금호, 에어부산, 한진칼 등이 부상했다. 정부는 항공업의 인프라적 측면을 고려하여 공적자금을 투입할 수도 있다.

2010년 전자산업과 반도체 호황, 첨단 산업주 최고가 갱신하며 자본회전율 빨라져

2010년 즈음 반도체 업종인 디스플레이와 OLED가 호황을 누리며 전자산업도 성장세를 구가했다. 이런 추세가 계속 이어져 최초로 전자칩이 삼성의 갤럭시폰에 장착되었다. 4차산업혁명이 시작되면서 인공지능, 빅데이터, 블록체인, 비트코인 같은 첨단산업 주식이 2017년 즈음 최고가를 갱신했다. 관련 산업이 발전하면, 경제 사이클이 빨라져서 자본회전율도 빨라진다. 한국 시장에서 일부 외국인 자본이 많이 빠져나갔지만, 2020년대 중반부터 일부 첨단 상장기업에 외국인 자본이 많이 유입되었다. 그렇게 되면 자본 회전 사이클이 더 빨라질 것이다.

요즘 자본 사이클은 5년 주기다. 2015년 증권시장 상한가와 하한가 제도를 개편하여 가격 제한폭을 ±30%로 확대 적용했다. 그 이유는 한국 자본시장의 규모가 커지다 보니, 한국 거래소가 자신감이 생겼기 때문이다. 경제 성장률이 오르니, 시장 크기도 과거보다 50% 이상 커진 것이다. 그러나 한국과 달리 미국 증시는 상하한가의 폭이 없다.

그린 뉴딜정책 활성화되고,
바이오 제약주로 투자 몰려 호황기

한국의 원전 관리 기술의 글로벌 경쟁력은 세계 최고다. 원전파괴 기술을 가진 회사인 GTG wellness도 한국 기업인데, 이 회사 주가도 지금 상승 중이다. 정부가 역점을 두는 그린뉴딜 정책은 태양력과 풍력 산업이다. 원전이 무너지면 발암물질이 발생하기 때문에 한국 기업이 원전 파괴 시 안전도를 진단하는 기술을 개발하고 있다.

한편 2017년 바이오 붐이 일어나면서, 제약주도 최고가를 갱신했다. 바이오 분야는 First in Class가 최고 가치를 지니는 만큼, 기업들은 앞다투어 투자개발에 올인했다. 이 과정에서 주식 시장의 바이오주 호황이 큰 몫을 했다.

2020년 이후 코로나 바이러스 시대가 일상화되면서
백신과 제약 산업 지속 발전

2020년 봄부터 발생한 코로나 바이러스가 1년 넘게 지속되면서 감기처럼 일상화되었다. 2021년 봄 현재 변종 바이러스가 이미 70종 정도 새로 생겼다. 2021년 마스크가 일상화되고 코로나는 완치가 될 수 없는 상태로 발전했다. 1차 감염 후 2차, 3차 감염이 확산되면서 이후 항체가 형성되고, 바이러스도 무해한 병원체로 인식되고 있다. 이런 시대에 마스크와 방역이 일상화되고, 백신과 제약 산업이 지속적으로 발전하고 있다. 그런 만큼 성장하는 산업에 자금이 몰리는 한편, 주식도 계속 상한가를 유지하고 있다.

코로나 바이러스로 인한 비대면 시스템 정착기
물류, 택배, 운송, 이커머스 등 비대면이 성장섹터

코로나 바이러스로 인한 일상생활의 변화가 시작되었다. 집과 회사에서 배달음식을 시켜먹는 횟수가 증가하며 다양한 음식이 배달을 통해 우리의 식탁에 올라오고 있다. 외식으로만 먹을 수 있었던 많은 음식들이 대중화되고 있는 것이다. 택배 또한 2020년 총 택배물량은 33억7천만 개로 조사되었다. 이 수치는 2019년 27억 9천만 개에 비해 20.9% 성장한 결과이고, 물동량 증가율은 '18년 9.6%, '19년 9.7%, '20년 20.9%를 이룬다.

물동량 상승폭은 우리의 상상 이상이며, 어플리케이션으로 모든 상품을 주문할 수 있게 편리해졌다. IT 혁신의 시대에 살고 있는 21세기 인류는 현재보다 좀 더 편하고 빠른 것을 추구하는 삶을 살고 있다. 그렇다면 이미 우리는 해답을 알고 있다. 비대면 시대에 성장 가능한 분야는 유통, 물류, 교육, 의료, 상담 등 여러 업종이다.

　비대면은 21세기 초반에 주목할 만한 블루오션이다. 그러나 매일 신기술이 등장하여 적용되는 기술적 환경을 감안하면, 언제라도 레드오션으로 진입할 수 있다. 이와 함께 인력이 필요로 하지 않는 무인 택배(드론), 무인 처방(약제), 시스템 자동화(로봇) 등의 업계가 코로나로 인해 더 빠른 성장을 하게 될 것이다. 그렇기 때문에 위에 살펴본 섹터에 투자를 구상한다면 나쁘지 않은 선택이 될 것으로 예상한다.

재테크 전략 03
지식산업센터 계약금 10%로 투자,
3년 후 수익률 30% 가능하다

정부에서 기업도시를 지원하기 위해 지식산업센터의 경우 분양 시 각종 특혜가 주어진다. 요즘 수도권 외곽에 다양한 기업도시가 개발되고 있다. 김포의 마곡지구, 구리의 갈매역과 발매역 역세권, 화성 동탄2기 신도시, 파주 운정, 고양 지축과 삼송 등 서울 주변의 외곽 도시에 지식산업센터가 봇물처럼 들어서고 있다. 이들 지식산업센터는 초기 계약금 몇 천 만원과 잔금까지 5천만원에서 1억 정도 자본금으로 투자할 수 있다.

수도권 지식산업센터 분양가 낮고,
연이율 2.6%로 70-80% 대출, 취득세 50% 감면 특혜

이들 지역의 지식산업센터의 특징은 토지 가격이 싼 만큼 분양가가 비싸지 않기 때문에 초기 투자비용이 몇 천 만원이라는 점이다. 오피스의 경우 평균 분양가가 700-900만원 정도이며, 오피스텔이나 기숙사의 경우 1,100만원 정도다. 지식산업단지는 대개 공장형과 사무실형 오피스, 오피스텔, 기숙사, 상가 등을 분양한다. 평형대도 오피스는 실평수 10평에서부터 중대형이 있고, 기숙사와 오피스텔은 실평수 6평부터 10평대까지 다양하다.

그래서 오피스의 경우 실평수 10평의 경우 분양평수가 20평인 것을 감안하면, 분양가는 총 1억4천-1억8천원 정도이다. 또한 오피스텔의 경우 실평수 6평의 경우, 분양평수 12평이라면 총 분양가는 1억4천4백만원 정도한다. 이 경우 전체 호실이 100실과 200실이 넘는 대단위 단지인 경우, 착공에서 준공까지 각각 1년에서 2년 정도 소요된다.

20평 오피스 구입, 2년 후
연간 1100만원 임대료와 3년 후 30% 시세차익 볼 수 있어

만일 오피스를 구입한다고 가정하고 2년 후 임대 수입과 3년 후 시세 차익을 한 번 계산해보자. 2021년 5월 분양이라면, 입주일은 2023년 6월이 된다. 이 경우 2021년 5월 계약시 전체 금액의 10%로 계약을 할 수 있고, 중도금 50-60%는 무이자 대출로 이뤄진다. 준공 후 입주할 때, 전체 분양대금의 30-40%를 잔금으로 지불하면

된다. 이 경우 완공된 건물로 담보 대출을 70-60% 정도 받을 수 있다. 그럴 경우 입주 시 20-30% 정도의 잔금을 지불하면, 오피스 소유주가 될 수 있다.

오피스의 경우 전용 20평이 분양가 3억 6천만원이라고 가정하면 입주시 20%인 7천2백만원 잔금으로 지불하고, 세를 줄 경우 2000만원에 150만원 정도 월세를 받을 수 있다고 가정하자. 그렇다면 잔금 20% 중에서 2천만원을 공제하면 잔금은 5200만원 지불한 것이 된다. 이 경우 월세가 매월 150만원이고, 70% 대출금 2억5천만에 대한 이자를 연 2.6%라고 치자! 그럴 경우 월 이자 60만원을 공제하면 월 수입은 90만원, 연간 수입은 1100만원이 된다.

3년간 총 8600만원 투자 후,
연간 1100만원 수입과 1억1700만원 시세차익

총 투자금 8600만원에 대한 연간 수입이 1100만원이며, 3년간 보유하면 3300만원 수입이 보장된다. 만일 오피스를 3년 정도 소유한다면 매년 물가 상승률과 지가 상승률에 상응해 오피스가 15% 상승한다고 감안하면, 2025년이면 5억4천 정도가 된다. 3년 후 매도를 하면 시사차익에 대한 양도세가 35%라고 치면, 5억4천-3억6천-양도세 6천3백을 차감하고 1억1700만원 정도 수익을 얻을 수 있다.

30-40대 직장인의 경우 모아둔 돈이 3천만원이고 2년 사이 5천

만원 적금을 든다고 가정하면, 지식산업센터 오피스 20평에 투자할 수 있다. 첫 투자부터 많은 수익금을 바랄 수는 없겠지만, 각자의 자금 여력에 부합하는 투자가 바람직하다. 천리 길도 한 걸음부터라는 말은 재테크에도 적절한 비유라고 생각한다.

재테크 전략 04
토지 투자, 개발호재를 파악하라

한국은 전통적으로 부동산 투자비중이 높은 나라다. 좁은 국토에 도시 집중도가 높고, 중앙집권적 국가 구조에 대기업이 모두 수도권에 집중되어 있다. 그러다 보니 돈의 80%가 수도권에 몰려 있다. 부동산도 수도권 부동산은 수요가 넘쳐나고, 투자기회도 상승 추세다. 특히 산업의 구조 고도화와 패러다임 변혁기에 수도권 곳곳에 지식산업센터와 신도시가 들어서는 등의 개발 호재가 많다.

재테크 측면에서 토지에 대한 투자는 잘만하면 수익이 큰 재테크다. 부동산 고수들은 쓸모 없어 보이는 땅을 매입한 후, 지목변경으로 땅의 가치를 높여 매매를 하거나 개발을 한다. 예를 들면, 움푹 들어간 땅을 산 뒤 공사장에서 나온 흙으로 메워 평지로 만들거나,

맹지를 사서 길가에 접하고 있는 앞 땅까지 추가로 매입해 수익을 높이거나, 값싼 산지나 농지를 사서 지목변경으로 땅의 가치를 높이는 것과 같은 방법이다. 이 같은 방법은 토지를 이해하고 사람들이 소유하고 싶은 토지 형태로 용도를 변경하여 땅의 가치를 높이는 것이다. 이처럼 지목변경을 통해 농지나 산지의 개발행위 허가를 득한 후 전원주택이나 펜션, 공장, 창고, 음식점 등의 부지로 개발할 수 있다.

지목변경을 하기 위해서는 먼저 토지에 투자할 때 가정 먼저 토지의 용도를 파악해야 한다. 용도를 파악하려면, 시·군·구청에서 토지이용계획 확인서를 발급받아 용도지역을 확인하는 한편 도시계획조례를 통해 해당 토지에 들어설 수 있는 건축물을 확인해야 한다. 용도지역은 토지의 이용 및 건축물의 용도·건폐율·용적률·높이 등을 제한하는 가운데, 토지를 경제적·효율적으로 이용하기 위해 도시관리계획으로 결정된 지역이다.

지목이 무엇인지에 따라 개발행위허가 여부와 비용이 정해진다. 예를 들어 전, 답, 과수원과 같은 농지에 건물을 신축할 때에는 농지보전 부담금을 내야 한다. 지목이 임야라면 대체산림자원조성비라는 세금을 내해야 한다. 농지보전 부담금은 평당 공시지가의 30%를 평수에 곱한 금액이고, 대체산림자원조성비는 평당 약 1만원 정도로 측정된다. 따라서 농지와 임야에서 허가를 받기 위해 필요한 전용 비용이 다르기 때문에 전용 비용 대비 투자 수익율을 사전에 분석해야 한다.

　지목변경의 경우 개발행위가 이뤄져야 하기 때문에 대부분 관리 지역에서 이뤄진다. 예를 들면, 보전산지로 분류된 토지는 농임업만 가능하다. 그러나 정책이 변화하여 준보전산지가 된다면, 용도가 변경되어 농가도 지을 수 있다. 토지분류에 따른 용도를 보면 아래와 같다.

[표1-4-1.용도에 따른 분류와 지목변경 요건]

분류	도시지역 (주거, 상업, 공업, 녹지지역)	관리지역 (계획관리, 생산관리, 보전관리 지역)	농림지역 (전답, 임야)	자연환경 보전지역 (농림보호지역, 수자원보호구역)
용도	– 주거와 상업 지역은 주택과 상업시설 건립 지역 – 공원관리지역은 절대 개발 안됨	– 계획관리지역은 용적율40%, 4층 주택 건립 가능 및 상업행위 허용	– 농림지역이라도 현지 주민은 주택 건축 가능	– 농림보호구역이라도 지역 주민인 경우 농가, 창고 건립 가능
변경요인	– 생산녹지와 자연녹지 지역은 형질변경해서 택지 개발 가능 – 지적도 상 도로가 없어도 농업 목적의 콘크리트 도로가 있으면, 해당 지자체에 따라 도로로 인정하고 건축허가 가능	– 도로가 있으면 식당, 모델, 펜션, 커피숍 등 상업시설 건립 가능	– 국가가 경지정리한 농업진흥구역이라도 지역 주민은 농가와 창고 건립 가능	–바다와 강 주변 500m 이내는 수자역보호구역이며, 지역 주민이나 주소 이전 후 6개월 이상 거주하면 주택건립 가능. 이 경우 용적률 20%. 2층 건축 허용

특히 토지를 구매할 때 투자용도라면 개발 호재가 있는지 반드시 파악해야 한다. 예를 들면, 신도시가 들어서는 지역이라면, 향후 수용이 되는 만큼 보상을 받을 수 있다. 그러나 개발을 염두에 둔다면, 개발 호재가 있는 지역의 수용이 되지 않는 토지를 구매해야 한다. 이런 점들을 파악하기 위해 지역의 구청에서 지적도와 도시계획도를 떼서 개발계획을 먼저 파악하고 관련 토지를 구매해야 한다.

재테크 전략 05
주택 투자, 저평가된 여의도에!

여의도는 한강을 중심으로 강북, 강남, 강서의 주요 교통 중심지이다. 국회의사당을 중심으로 서울의 주요 도시로 이동 시 어디나 비슷한 거리에 위치해 있다. 서울의 경제중심 도시 중 여의도는 김포 국제공항은 물론 인천국제공항과 가장 가까운 거리에 위치해 있다. 특히 금융지구라고 알려진 여의도는 금융기업 본사와 지사, 방송국과 미디어, 국회, 아파트 단지와 거주자를 위한 상가 등의 시설이 들어서 있는 상업도시다. 1960년대 후반부터 개발이 시작되어 지난 60년 동안 한국 경제와 정치의 산실이 된 여의도는 다리를 건너면 영등포구와 강북의 금융지구 을지로로 연결된다.

자본시장의 수도인 여의도, 한국 경제의 바로미터

여의도는 한국 자본시장의 수도이다. 금융자본주의 시대에 자본시장은 경제의 핵심요소다. 그런 만큼 여의도는 여전히 한국 경제에서 중요한 역할을 한다. 미국을 예로 들자면 금융, 경제의 중심지는 뉴욕이다. 한때 뉴욕은 미국 내 가장 비싼 도시 1위를 기록할 정도로 부동산 상승폭도 최고 수준이었다. 그러나 시대 변화를 반영하여, 21세기 초 현재 미국에서 가장 비싼 지역은 첨단기술 기업 허브도시인 캘리포니아주 샌프란시스코와 산호세이다.

한국 경제에서 차지하는 비중에 비해 여의도는 여전히 저평가된 도시로 아직 투자가치가 있는 곳이다. 그 반증이 여의도의 아파트 가격이다. 현재 여의도의 30평 아파트 가격은 16-19억원대에 머물고 있다. 주변의 강남 반포동의 30-40억원, 동부이촌동의 25억원대, 강북 신촌의 20억원대와 비교한다면 여의도 아파트는 여전히 투자 매력이 있다. 2025년 한국 경제 규모가 현재의 5배 규모가 된다고 가정하면 여의도는 성장의 핵심지역이 될 수 있다.

서울의 다른 지역보다 높지 않은 저평가된 여의도 아파트

2021년 1월부터 4월까지 서울 아파트 값 상승률 중 가장 높은 송파구는 1.77%를 기록했다. 두 번째 상승률을 기록한 지역은 강남구와 노원구로, 상승률은 1.42%를 기록했다. 세 번째와 네 번째 상승률을 기록한 지역은 서초구와 마포구로 각각 1.4%, 1.38% 상승했다. 다섯 번째인 양천구는 1.31%를 기록하였고, 그 다음이 영등포구이다.

이처럼 여의도가 위치한 영등포구는 경제도시이지만, 서울에서 아파트 가격에서는 낮은 상승률을 기록하고 있다. 그 이유는 금융허브 도시인 여의도는 낮에는 직장인들이 근무하지만, 퇴근 후 공동화되기 때문이다. 주거도시가 아니기 때문에 여의도에는 대단위 아파트 단지가 없다. 그런 만큼 아파트 브랜드도 다양하지 않고, 30년 전에 건축된 노후화된 아파트들이 많다. 그러나 노후화된 아파트의 재건축이 향후 10년내로 진행될 것이다.

재건축 호재 있어 향후 100% 이상 아파트 가격 상승 기대할 수 있어

서울시가 2021년 4월 27일부터 1년간 토지거래 허가구역 발효 정책을 발표했다. 그 결과, 70년대부터 90년대까지 준공된 대표 아파트인 압구정, 여의도, 목동, 성수동 소재 아파트가 재개발에 앞서 서울시 토지거래 허가구역으로 지정이 되었다. 현재 여의도 아파트 지구에서 목화, 삼부, 수정, 미성 아파트가 추진위 승인이 되었다. 서울, 공작, 장미, 대교, 화랑, 한양, 삼익, 은하, 진주 아파트 등은 승인이 되지 않았다. 이중 준공이 된 아파트는 자이, 대우트럼프월드2 (주상복합), 롯데캐슬 아이비 아파트 등이다. 그리고 여의도 아파트지구 인근 단지들이 안전진단을 통과하고, 재건축 사업 등을 준비 중이다. 그런 만큼 앞으로 투기 수요가 몰릴 우려도 있다. 향후 여의도 아파트가 재건축이 되면, 현재 가격에서 100% 이상 상승을 기대할 수 있기 때문에 아파트 투자처로 추천하고 싶다.

재테크 전략 06
금테크 수익률 연간 10% 이상 가능하다

일반적으로 금은 액세서리 상품을 만드는 주요 소재로 사용되었다. 그리고 무엇보다 중요한 것은 예로부터 금은 부자들의 투자 대상이었다. 전통적으로 부자들은 남성이든 여성이든 금으로 화려한 장신구를 만들어 화려하게 치장하고 부의 정도를 과시하곤 했다.

부의 상징이었던 금은 산업시대를 넘어 정보화 시대에 들어 없어서는 안될 산업 소재로 사용되고 있다.

금의 2가지 기능,
장식과 재테크 수단 및 첨단 전자기기의 전류흐름 지원하는 소재

21세기 첨단 문명 시대에 금은 없어서는 안될 소재다. 금은 에어컨, TV, 핸드폰, 컴퓨터와 같은 첨단 전자정보기기의 필수품인 반도체 소재로 사용된다. 특히 비트코인 투자 열풍을 일으키고 있는 21세기 초반 슈퍼 컴퓨터 수요가 급증하면서 컴퓨터에 내장되는 금의 수요도 급증하고 있다. 컴퓨터 가격이 20% 이상 상승하면서, 내장된 금의 가격도 동시에 상승하고 있다.

전세계적으로 지금까지 채굴된 금의 양은 약 17만톤이다. 향후 채굴 가능한 금의 양은 약 4만톤이라고 한다. 금속 전문 컨설팅사 메탈스 포커스가 발표한 보고서에 의하면 2020년과 2021년 글로벌 금 생산량은 각각 3368t, 3364t인 것으로 나타났다.

세계 최대 금 소비국가인 중국은 생산과 소비 모두 1위 국가를 기록한다. 그 이유는 중국인들이 재산 축적 수단으로 황금을 선호하는데다 금광 또한 세계 최대 규모이기 때문이다. 특히 중국에서 금이 인기를 끄는 이유는 세계 경제의 불확실성, 중국 증시와 환율의 변동성 때문이라는 것이 전문가들의 의견이다. 또한 중국 대도시의 부동산 가격이 너무 올라 투자의 매력이 줄어들었다는 점도 중국인들의 금 투자 요인으로 분석된다.

그리고 무엇보다 금본위제인 금융시스템 하에서 세계 각국의 중앙은행에서 시중 금 소비량의 약 13%인 3만톤을 보유하고 있다. 금 보유량은 국가별로 보면 1위가 미국, 2위가 독일, IMF가 3위, 중국과 스위스가 각각 7, 8위를 차지하고 있다. 이를 보면 금 보유량이 결국 국가의 경제규모와 국력을 나타낸다고 할 수 있다.

2017년 이후 매년 금 가격 15% 이상 상승

금의 수요가 증가하면서 2017년 이후 금 가격이 매년 15% 이상 상승하고 있다. 2017년 한 돈에 17만원하던 금 가격이 2021년 5월 28만원에 육박했다. 금 가격이 상승하는 이유는 수요가 증가하기 때문이다. 무엇보다 지난 몇 년간 금 가격이 상승한 이유는 투자수단으로서의 금의 수요가 증가했기 때문이다. 특히 2019년부터 시중에 너무 많은 자금이 풀리자, 소비자 물가 상승과 같은 인플레이션이 일어나기 시작했다. 집값 상승에 동반하여 장바구니 물가가 상승하면서, 화폐의 교환가치도 하락했다. 이러한 현상을 우려하는 소비자들이 금 투자를 확대하면서, 장롱 속으로 들어가는 금 수요가 급증하기 시작했다.

금테크는 한국금거래소에서 골드바 구매
혹은 시중은행에 금 통장 개설로

소위 말하는 금테크 시대가 열린 것이다. 금테크에는 두 가지 방법이 있다. 첫째 금테크는 한국금거래소에서 현물 투자를 하는 방법이 있다. 한국금거래소에는 1g, 5g, 10g, 100g 등 다양한 크기의 골드바를 판매하고 있다. 필자는 인플레이션 조짐이 보인 2019년부터 한국금거래소에서 골드바를 구입했다. 2021년 봄 필요에 의해 골드바를 매도하면서, 10% 이상의 수익을 거두었다. 두 번째, 금테크는 은행에 금 통장을 개설하는 것이다. 은행에서는 원하는 만큼 금상품 투자가 가능하다. 수익률은 연간 3-5 % 정도 가능하다.

금테크는 은퇴 준비하는 중장년층에게
반드시 필요한 재테크

현재 경제상황과 물가 흐름을 보면 금테크는 반드시 해야 하는 재테크 수단이다. 금테크는 주식, 환율과 달리 장기로 봐야 한다. 은퇴자들이나 은퇴를 앞두고 노후준비를 하는 중년층들에게 특히 권하고 싶은 재테크 수단이다. 통장을 개설할 경우, 10년 장기로 만드는 것이 바람직하다. 요즘 시중 은행이나 증권사에 적금, CMA 혹은 저축은행 장기저축 등을 많이 하는데, 금테크가 이 모든 경우보다 수익률이 높다.

재테크 전략 07
환율 투자도 시작하자!

환율 투자는 금융 전문가들이 많이 하는 투자로, 환차익 투자를 통해 수익을 얻는 것이다. 대표적인 환율 투자 방식이 보험회사에서 환율 투자를 상품화하여 달러를 기본으로 종신보험을 판매하기도 한다. 필자의 경우도 2020년 11월에 첫 아이가 태어난 기념으로 3만달러 환율 종신보험을 10년 만기로 가입했다. 10년 후 3만 달러를 기준으로 환율 상승만큼 수익을 보는 것이다.

환차액 투자방식으로 현물과 주식 시장을 들 수 있다. 일반적으로 주식이 떨어지면 달러가 상승하고, 주식이 상승하면 달러가 하락한다. 그래서 달러를 올리기 위해 주가를 하락시키기도 한다. 달러가 많이 필요해서 사야 할 때, 주식을 팔아서 달러를 사들인다. 기관이 주식을 대량 매도하게 되면 주가가 떨어지게 되고, 달러를 많이 사게 되면 반대로 달러 가격이 상승한다. 이 같은 원리가 쉽게 이해되는 사례가 한국의 IMF때다. 1998년 IMF 사태가 고조되었을 때 환율이 급상승하여, 달러당 800원하던 것이 2000원대까지 상승했다. 당시 수출업자들이 달러로 지불을 받아서 2, 3배 수익을 거두기도 했다. 반대로 수입업자는 달러 가격 급상승으로 부도가 나거나, 사업을 접는 경우도 있었다.

현재 한국 주식시장 과열되어 주식 최고가 기록 및 인플레이션 조짐, 달러 하락 예견

한 사례를 들어보자. 2021년 7월 현재 한국의 주식시장이 최고가를 기록했다. 달러 가격도 올라가고 인플레이션 조짐이 심하다. 전문가들이 계속 우려하듯이, 언젠가 어디에선가 균열이 생길 것이다. 그때가 되면 달러가 하락할 것인데, 그 이유는 가상화폐라는 대안이 있기 때문이다. 21세기형 화폐인 비트코인과 같은 가상화폐에 투자가 몰리는 것은 시중에 돈이 많이 풀려있기 때문이다. 비트코인이라는 투자 대안이 있기 때문에, 2022년말이면 환율이 1000원대로 떨어질 수 있다. 2017년 비트코인이 2700만원했고, 2021년 봄 7천만원까지 상승하다가 5천만원대로 하락하였다. 그와 같은 추세로 환율도 1000원 가격대로 하락할 수 있다.

명품 국내 구매 후 해외에서 매도,
달러로 결제받아 수수료 세이브하는 환 투자방식

　환율 투자 방식으로 물품 매도를 통해 달러 교환 시 발생하는 수수료를 절약하는 방식도 있다. 예를 들면, 롤렉스 시계를 국내에서 구매한 후 해외에 가서 판매를 하고 달러로 결제를 받는 방식도 있다. 롤렉스 같은 명품은 전세계 어디서나 사기를 원하는 매니아층이 있는 환금성 높은 상품이다. 또한 가격대도 1천만원에서 10억원, 100억원하는 상품까지 다양한 가격대의 상품이 있다. 그렇게 때문에 1억 정도의 자금으로 롤렉스를 구매하여 해외에서 달러를 받고 매도할 수 있다. 현물을 매매하고 달러로 결제 받을 경우, 달러에 대한 수수료는 없다. 명품은 관광객이 있는 지구촌 어디서든 가격대가 형성되어 있기 때문에 가능한 일이다. 물론 현지에서 달러를 받는 경우, 은행에 넣어서 달러로 결제하는 방식으로 사용해야 한다.

　위와 같은 매매를 통한 환거래 수수료 절약 방식을 필자는 실제의 경험을 통해 알게 되었다. 대학 2학년 때 캐나다 어학 연수를 갈 때, 6개월 연수비와 체제비로 부모님께서 주신 1천만원을 달러로 환전했다. 이 때 수수료가 10%인 것을 보면서, 교환 수수료가 너무 비싸다고 생각했다. 그래서 수수료를 내지 않고 달러로 환전하는 방법을 생각했다. 더구나 5천만원 이상이 되면, 한도에 걸려 달러로 환전이 되지 않는다. 이 경우 롤렉스 시계는 1천만원, 3천만원, 5천만원 등 다양한 가격대 상품이 있기 때문에 5천만원 이상의 시계를 구매해서 해외에 가서 판매하면, 5천만원 이상의 달러 환전도 가능해진다.

기관들은 달러 필요 시 현물을 싸게 팔아
의도적으로 달러 가격 하락시켜

기관들은 달러가 필요할 때 현물을 싸게 내놓고 가격을 하락시킨다. 이 때 해외 주식을 사서 증권사에서 원화를 달러로 바꾸면 시세차익을 누릴 수 있다. 예를 들면, 2020년 테슬라, MS, 구글 등의 고가의 해외 주식을 사서 달러로 바꾸면 상당한 환차액으로 수익을 볼 수 있었을 것이다.

재테크 전략 08
가상화폐와 비트코인, 알고 투자하자!

한국의 비트코인 투자 열풍이 거세다, 한국에서 가상화폐를 발행하는 거래소가 2021년 봄 현재 약 200여개에 달한다. 한국 가상화폐 시장의 특징은 해외에서는 주로 기관투자가 즉, '큰 손'이 주도하는 반면 한국은 '개미'들만의 시장인 점이다. 해외의 주요 가상화폐 특징은 비트코인과 이더리움과 같은 시가총액 10위권에 있는 글로벌 가상화폐가 주를 이룬다는 점이다. 이에 비해 한국 투자자들은 변동성이 큰 국내산 '알트코인'에 집중하고 있다. 이 같은 사실은 한국 가상화폐 시장이 해외보다 투자 위험성이 훨씬 높다는 점을 의미한다.

한국의 4대 가상화폐 거래소 계좌수 250만개,
모두 개인투자자

한국 내 4대 가상화폐 거래소인 업비트, 빗썸, 코인원, 코빗에서는 개인투자자들만 거래를 할 수 있다. 법인 계좌 거래가 막혀 있고, 은행에서 실명 계좌를 받은 개인만 투자하도록 금융당국이 규제하고 있다. 2021년 2월 말 현재 4대 거래소 계좌 수는 250만개에 이르고, 이들 계좌 주인이 모두 개인투자자이다. '법인 계좌' 하나로 모든 투자금을 관리하는 거래소도 있지만, 규모가 적고, 그마저 9월 24일부터 전면 금지되었다.

이와 함께 해외 가상화폐 시장과 한국 시장이 또 다른 점은 국내 투자자들이 변동성이 커 위험한 알트코인에 지나치게 몰려 있다는 점이다. 가상화폐 시황 사이트에 따르면 전 세계 가상화폐 거래에서 비트코인 거래량은 약 30~40% 수준이다. 하지만 한국의 경우 2021년 5월 22일 오후 3시 20분 기준 4대 거래소에서 비트코인 거래 비중은 7.7%에 불과하다.

한국 가상화폐 시장의 문제는 상당수 프로젝트가 '블록체인'과 '가상화폐'라는 흐름에 편승했을 뿐, 별다른 기술적인 장점이 없다는 점이다. 2021년 봄 인기를 끌며 3개월 만에 무려 1000% 넘는 상승률을 기록한 한국 코인 사례가 있다. 업계 전문가들은 이 같은 현상에 대해 적용할 법이 없는 점을 틈타서, 규제가 없이 거래가 자유로운 가상화폐 시장의 이점을 노려 시세 조종 등으로 이익을 가져간다고 평가하기도 한다.

특금법 시행으로, 코인 거래소 줄폐업 가능성

2021년 9월 25일부터 특정금융정보법(특금법)이 가상화폐 업계에 전면 시행되는 가운데, 총 42개사의 가상자산사업자가 당국에 신고를 마쳤다. 이 가운데 가상화폐 거래소는 29곳이다. 신고의 필수 요건인 정보보호관리체계ISMS를 획득하지 못한 37개사는 모두 영업을 종료했다. 한편 한국 금융정보분석원의 발표에 따르면 전체 거래소 중 신고를 마친 29개사의 시장점유율이 전체의 99.9%에 이른다고 한다.

이제부터 가상자산 투자자들은 ISMS인증과 실명 계좌를 모두 확보하고 당국에 신고를 마친 업비트, 빗썸, 코인원, 코빗 등 4개 코인 거래소에서만 원화로 코인을 사고 팔 수 있다. 가상화폐 거래소 29곳 중 이들 4개 이외의 25곳에서는 코인 간 거래만 가능하다. 이 때문에 코인마켓만 운영하는 25곳의 거래소에서 원화 출금을 해야 하는 경우 일이 복잡해졌다. 먼저 해당 거래소에 있던 코인들을 다른 코인을 사고 팔 수 있는 바트코인 마켓이나 이더리움 마켓으로 전환해야 한다.

그리고 나서 원화 거래가 가능한 4대 거래소에 코인을 입금한 후

이를 다시 원화로 바꿔서 출금해야 한다. 여기서 코인을 바꾸고 이를 다시 현금화할 때마다 수수료가 발생한다. 이런 거래 방식으로 인해 코인 마켓 전용 거래소들의 경우 거래대금이 급격하게 줄어들었다고 한다.

앞으로 거래소는 금융 자산의 한 부분으로 자리잡을 것으로 보여진다. 가상화폐가 어느 정도 리스크를 가지고 있는 것이 사실인데, 눈에 보이는 기업이 아닌 가상의 자산에 투자를 해야 하는 부분이 가장 큰 리스크이다. 코인을 기업의 주식으로 본다면, 주식은 살아 있는데 페이퍼컴퍼니로 운영중인 기업인 것과 마찬가지다. 그렇기 때문에, 투자하기 전 거래소와 코인의 가치를 유의하여 투자해야 한다.

김치 프리미엄과 재테크에 대한 열망으로
가상화폐에 대한 투자 열기 지속될 것

비트코인 가격이 다른 나라와 달리 한국에서 높게 형성된 것을 두고 김치프리미엄이라고 한다. 대표적인 비트코인의 경우 2021년 4월 현재 미국의 거래가격이 4천만원인데, 한국이 5천만원으로 1천만원 높게 거래되는 배경이 있다. 한국 사람들 중 젊은이들의 돈과 재테크에 대한 열망이 강하기 때문에 나타나는 현상이다. 그 이유도 집값 상승과 인플레이션 때문에 재테크를 통해 월급 이외의 방법으로 재테크 수단이 필요하기 때문이다. 특히 2021년 봄 일론 머스크의 투자로 인해 가상화폐 투자 붐이 더 일었다. 그 후 제프 베조스도 향후 가상화폐에 투자할 의사가 있다고 했다. 이런 현상 때문에 가상화폐에 대한 투자는 계속될 것이다. 2021년 10월 중순 현재 비트코인 1개 가격이 7,000만원대에 육박했다. 어떤 이들은 연말이면 1억원대까지 오를 것이라고 전망하기도 한다. 그러나 가상화폐의 가격 변화 추이는 향후 추세를 더 지켜봐야 할 필요가 있다.

순위권 100등의 가상화폐인 알트코인이 있다. 2021년 봄에 600원하던 가격이 2-3개월 후에 600% 상승했다. 이러한 현상이 생기는 이유는 가상화폐에 대한 규제 법안이 없기 때문에, 150여개에 달하는 가상화폐 발행업체들이 가격 조작을 했기 때문이다.

2021년 9월 가상화폐 규제하는 법안 상정된 후 가상화폐 시장 하락 예고

가상화폐 투자가 과열되고 많은 사람들이 '묻지마' 투자를 했기 때문에 금융당국은 향후 피해자가 속출할 것으로 전망하고 있다. 2021년 연말이면 가상화폐를 규제하는 자본시장법과 금융시장법 법규가 재정된다. 관련 법안이 상정되면, 선취매, 선행매매, 시세조작, 시장교란 등과 같은 행위에 대해 법적 책임을 물어 제제가 가해질 것이다.

인플레이션 때문에 현물 투자 열풍 지속,
성공적 투자 위해 학습하며 기본기 갖춰야

　주식시장과 달러, 가상화폐 3가지 투자 상품의 등락 사이클이 이렇게 반복하는 이유는 기본적으로 인플레이션 때문이다. 이런 사이클을 잘 이해해야 이들 시장에서 성공적인 투자를 할 수 있다. 필자는 20대 초반부터 10년 동안 지속적으로 공부하면서 이들 시장을 공부했고, 피나는 실패도 해본 경험 때문에 기본기를 익히고 원칙에 충실하는 투자를 계속해오고 있다. 투자는 과학이다. 운이 아니기 때문에 스스로 정보와 지식을 터득하고 과학적인 투자를 해야 성공할 수 있다는 것이 필자의 지론이다.

재테크 전략 09
21세기형 재테크, 예술품경매, 자동차경매, 부동산경매

　마지막으로 재테크 항목 중 요즘 부상하는 예술품 경매와 부동산에 대해 언급하려고 한다. 예술품 경매는 원래 작가들이 전시를 하기 위해 내놓은 작품 구매 혹은 작가를 키우기 위한 목적으로 시작되었다. 작가의 작품은 수 십억 짜리도 있지만, 5만원하는 무명 팝아트 작가의 작품도 있다. 예술품에 투자를 하기 위해서는 먼저 예술작품에 대한 지식도 있어야 하고, 무엇보다 작품을 좋아해야 한다. 투자를 하기 위해서는 많은 작품을 보아야 하기 때문에 예술작품 보는 것을 좋아하면, 취미가 투자로 연결될 수 있고 재미도 있을 것이다.

2020년에 첫 아이를 출산한 아내가 최근 아기와 엄마가 놀고 있는 작품을 40만원에 구매해 왔다. 아내는 원래 예술품에 관심을 가지고 오랜 기간 공부를 해왔기 때문에, 이제는 전문적으로 아트딜러라고 할 만큼 전문적인 수준에 도달했다. 아내가 투자한 작품 중에는 150만원하는 청자 도자기도 있다. 레고모양, 상아인형 등의 경매 작품이 각각 70만원 했는데, 현재 가격은 200만원으로 상승했다.

　　필자의 경우는 명품 시계와 스포츠 브랜드 한정판에 관심이 많다. 예를 들면, 스위스 시계 파텍 필립, 오데마 피게 등은 예술품으로 자리잡고 있다. 이런 시계들은 경매 가격이 10억 정도하는데, 기술력도 세계적이고 선호하는 애호가들도 매니아층을 이룰 만큼 상당히 많다. 파텍 필립 같은 시계는 최고가가 344억원에 이를 정도로 명품 시계 콜렉터들에게 인기있는 투자대상이다.

　　이외에 필자는 나이키 신발 한정판에 관심이 많다. 셀럽Celeb이 신은 신발은 시가 1천만원 짜리가 경매가 1억에 팔리기도 한다. 중국인들이 이런 경매 시장에 재미가 들려 한정판을 사서 경매에 자주 올리기도 한다.

　　두 번째 언급하고 싶은 경매는 부동산이다. 필자는 몇 년 전부터 부동산 경매에 관심을 가지고 공부를 하고 경매를 받기도 했다. 요즘은 경매 물건이 별로 없는 것이 특징이다. 경매는 기본적으로 금융권이 담보로 잡은 물권을 공매로 내놓을 때 생긴다. 부동산 시장이 좋지 않을 때에 부동산의 환금성이 없기 때문에 공매에 의해 경매 물건이 많이 나온다.

요즘 같은 경우 동대문 밀리오레 상가 같은 작은 경매물건은 잘 팔리지만, 큰 빌딩같은 경매 물건은 잘 나가지 않는다. 부동산 가격은 많이 떨어졌지만, 거래에 의한 세금 비중이 높기 때문에 돈이 있어도 선뜻 매수하려는 사람들이 없기 때문이다. 한 사례를 들면 이해가 쉽게 될 것이다. 강남의 한강변 아파트 아크로리버 25억짜리 아파트가 2021년 봄 경매로 나왔다. 한번 유찰된 후 가격이 12억대가 되었다. 절반 가격 이하로 가격이 떨어졌지만, 경매자 희망자가 없었다. 그 이유는 그 정도 구매력을 보유한 사람들이 이미 주택이 있기 때문에 세금 때문에 매수를 할 수 없었기 때문이다. 결국 25억짜리 아크로리버 아파트는 최종 9억에 낙찰되었다.

이외에 자동차경매도 있지만, 투자하기에는 적합하지가 않다. 자동차는 집과 다르게 하자가 많고, 감가상각하기 때문이다. 유일한 경우는 명품 자동차의 경우 컬렉터 중심으로 경매가 활성화되어 있다. 그러나 이도 일반적인 경우가 아니고, 주로 해외 자동차 매니아들을 중심으로 진행되는 경매 시장이다.

◆ 제 2 장 ◆

애널리스트의 증권종목
선성전략과 투자사례

투자전략 01
시장 트렌드 주목하며 의미 분석

코로나19 이후의 시장 트렌드는 큰 폭의 V자 반등이다. 이와 동시에 제약, 바이오 섹터의 활발한 거래가 이뤄지는 가운데, 실적이 상승한 주식 위주의 거래가 많이 이루어졌다. 물론 주가 또한 큰 폭으로 상승하였고, 소외된 주식들도 시장 반등에 따라 움직임이 있었다. 시장의 자금은 유연한 트렌드에서부터 움직인다.

트렌드에 민감한 주식시장,
반드시 논리적으로 움직이지 않아

예를 들면, A라는 기업이 영위하는 사업은 반도체이다. 그런데 A

가 부수적인 사업으로 손 소독제를 제조 판매하고 있는데, 총 매출의 1% 밖에 차지하지 않는다. 그런데도 시장의 자금이 A로 쏠리게 되는 현상이 발생했다. 그러면서 상한가를 기록하고, 다음 날도 큰 폭으로 상승하며 이전에 볼 수 없었던 시세를 주었다. 이것이 시장의 트렌드이며, 주식 시장이 반드시 우리가 예상하는 대로 움직여 주지 않는다는 것을 목격하곤 한다.

앞에서 얘기를 했지만, 상식적으로 이해가 되지 않는 기업들의 주가가 폭등하는 것을 종종 본다. 예를 들면, 대선 출마하는 후보의 고향에 기업이 있다는 사실만으로 주가가 크게 등락을 하기도 한다. 또한 아직 진출하지도 않은 미래 지향적인 사업 발표로 인해서 주가가 상승하는 것을 볼 수 있다. 보통 주가의 상승은 기업의 미래가치가 90%를 차지한다. 그렇기 때문에 자금 흐름을 알고 있다면, 다른 사람보다 1원이라도 싸게 매수할 수 있다.

주식은 미래 가치를 나타내는 시장 지표,
나스닥 지수 1주일 후 한국 증시 영향

주식은 미래 가치를 반영한 시장 지수다. 그래서 기업의 좋은 실적이나 미래 투자를 알리는 기사가 보도되면, 주식이 일제히 상승한다. 그런 측면에서 우량기업의 경우 기업의 투자정보와 경영실적이 계속 상승하면 주식은 우량주가 된다. 한국의 경우 삼성전자 주식을 보유하면 비록 등락은 있지만, 지속적으로 투자 수익을 얻을 수 있다. 그리고 주식 시장에서 반드시 알아야 할 정보가 나스닥의 동향이다. 한국 경제가 해외 의존도가 높고 미국 시장에 영향을 많이 받기 때문에, 나스닥의 움직임이 한국 증시에 시간차를 두고 반드시 영향을 미친다. 그렇기 때문에 나스닥 상위 종목 100개 정도에 대해서는 코스닥 종목만큼 스터디하며 주시하는 것이 바람직하다.

매년 4월 나오는 기업 실적보고서와 2021년 5월 공매도 재개, 주가에 영향

주식을 하는 사람들이 반드시 알아야 할 기업 관련 정보가 있다. 매년 4월 증시에 상장된 기업의 분기 경영실적을 담은 보고서가 발행된다. 또한 감사보고서에 따라 상장 폐지되는 기업도 있기 때문에 중요한 시즌이라 볼 수 있다. 이때 기업의 실적보고서를 미리 정밀히 분석한다면 어느 정도 변화 동향을 알 수도 있다.

또한 2021년 5월은 공매도가 재개되었기 때문에, 증시에 큰 영향을 미쳤다. 2020년 코로나19 사태로 무너진 증시 안정책으로 공매도가 한시적으로 중단되었다. 그런데 5월 3일 공매도를 재개하는 대신, 공매도 항목을 코스피 200개, 코스닥 150개 등 총 350개로 한정했다. 2021년 5월 3일 재개된 공매도의 영향을 받은 한 예를 들어보자. 그 즈음 96,000-80,000원대를 유지하던 삼성전자의 주가가 7만원대로 하락했는데, 이것이 공매도 영향 때문이다. 이처럼 공매도가 한국 증시에 지속적으로 영향을 미칠 것이기 때문에 개인 투자자들이 특히 공매도에 유의해야 한다.

경기와 시대 흐름에 따라 성장산업 부상, 관련 섹터의 기업 주식 상승

  1998년 한국 경제에 맹위를 떨친 IMF가 2002년부터 회복되기 시작했다. 2002년부터 지난 2010년까지 한국 증시에서 유력한 성장주는 조선, 무역, 항공업이었다. IMF를 극복하고 국내 경제가 회복되면서, 반도체와 철강산업이 다시 부상하기 시작했다. 그리고 10년 후인 2012년부터 바이러스가 지구촌 전역에 퍼지기 시작하면서 바이오산업이 성장산업이 되었다. 그리고 그 여파로 인해 바이오, 제약주가 상승세를 이어갔다. 2014년 이후 스마트폰 출시로 통신주와 스마트 플랫폼 사업이 성장했고, 이어 통신주, 스마트폰, 메신저플랫폼 관련 주식들이 상승했다.

섹터와 종목 나만의 방법으로 정리하기

  국내 증시에 상장된 많은 기업들이 있다. 전문가들도 모든 기업을 기억하지는 못한다. 하지만 여러 번 보게 되면 머릿속에 남게 되고, 트렌드가 될 때마다 이미 손은 그 종목의 주가를 검색하고 있다. 이 방법은 어떤 책에도 나와있지 않은 필자만의 방법인데, 여기서 독자들에게 소개하고자 한다.

2021년 5월부터 공매도가 재개 되었는데, 거기에 속해있는 종목을 집중적으로 분석을 하다보면 시총 낮은 기업들도 연관되어 눈에 들어오게 된다. 구체적인 방법을 여기에 소개한다. 시가총액 상위인 코스피100과 코스닥250의 종목의 섹터와 재무구조, 그리고 관련검색만 정리해두면 된다.

[표2-1-1 한국 KOSPI 1-4위 기업의 시가총액과 이익률 분석]

	종목명	시가총액	테마 (섹터)	영업이익/당기순이익 (IFRS연결, 21년 9월 기준)	배당수익률 (20년도)
K O S P I	삼성전자	455조	반도체	15조4천억/12조	3.92%
	SK 하이닉스	70조	반도체	4조/3조	1.1%
	NAVER	67조	IT, 인프라	3300억/3600억	0.1%
	삼성 바이오로직스	60조	바이오	1900억/757억	N/A

표2-1-1에 보듯이, 코스피100와 코스닥250의 종목을 시가총액 순위대로 테마, 재무, 배당수익률까지만 정리를 하고 분기별로 시총 순위 변동에 대해서 비교하고 분석을 해보면, 처음 보는 기업도 알게 되면서 여러 테마를 자연스레 알게 된다. 350종목만 정리해놔도 그 이상의 테마는 시장에 없다고 봐도 된다. 필자는 이 정리를 해놓

은 덕분에, 여러 종목이 머릿속에 들어있기 때문에 시장의 트렌드에 맞춰 빠른 대응을 할 수 있었다.

투자전략 02
상장 기업과 비상장 기업 파악하며
기업현장 실사

2021년 10월 9일 현재 한국 주식 시장에 상장된 주식은 코스피 927개, 코스닥 1438개로 총 2365개이다. 매일 거래되는 상위 종목 100개를 파악하면, 산업의 트렌드를 알 수 있을 정도로 주식시장은 산업 성장의 기폭제다. 고객에게 주가와 주식시장의 흐름에 대한 정보를 제공하는 애널리스트는 상장 기업은 물론 향후 상장 가능성이 있는 비상장 기업에 대한 정보도 가지고 있어야 한다.

투자보고서 진위 파악 위해 실사하며, 고객들에게 종목 정보 제공해야

2017년 동호회를 운영하면서 필자는 회원들에게 주식 매매에 대한 투자 정보를 제공하면서 기업 현장을 찾아가 실사를 시작했다. 그 이유는 언론의 기사나 기업의 투자보고서와 기록상의 정보만 믿고 주식정보를 제공하는 것이 위험하기 때문이다. 필자는 1500명 회원들에게 주식 정보를 제공하는 카페 운영자로써 항상 회원들의 생명과 재산에 책임을 져야 한다는 책임감을 무겁게 통감하며 종목을 선택했다. 어느 기업의 경우 홈페이지 주소를 찾아갔더니, 사무실 문은 이끼가 껴있었다. 어느 회사는 방문해 달라고 해서 가보니, 콘테이너 박스를 사무실로 사용하고 있었다. 필자의 경험을 통해 보건대, 애널리스트는 주식 종목을 추천하려면 최소한 기업 실사를 해서 외형적 규모와 보고서 기록의 진위를 파악해야 한다. 특히 주총도 반드시 참석해서 기업의 미래 향방을 가늠할 수 있어야 한다.

기업 탐방 후 촬영한 영상의 영향 받아, 저평가된 기업 주가 상승하기도

2017년부터 카페를 운영하면서 기업 실사 현장의 탐방 스토리를 영상으로 만들어 유튜브에 업로드했다. 유튜브 정보를 보고 기업의 실체가 긍정적으로 알려지면서, 주식이 상승한 기업도 있다. 그 대표적인 기업이 2018년 탐방한 경기도 평택 소재 뉴보텍이다. 상하수도 파이프를 제조하는 뉴보텍은 당시 기업 경영성과에 비해 저평가되어 있었다. 회사의 공장 부지도 넓고, 제조공장도 3개나 운영하고 있었다. 뉴보텍은 제대로 평가를 받은 후 3배 이상 성장할 종목으로 소개했다. 그 영향으로 영상이 나간 후 주가가 3배 이상 상승했다. 또 다른 사례도 있다. 2018년 필자가 실사한 원풍물산의 경우도 현장의 영상이 업로드된 후 기업 주가가 1.5배 상승했다. 혹자는 필자가 올린 영상을 보고 주가가 상승한 것이 "혹시 기업에서 돈을 받고 긍정적으로 평가해서 주가 올리기를 한 것이 아니냐?"라고 부정적인 질문을 하기도 했다. 그러나 이 자리에서 분명히 말하건대, 필자는 항상 주식에 투자하는 투자자 입장을 가장 우선시하며, 사실과 다른 가짜 정보를 올리지 않는다.

이와 반대의 경우도 있다. 2018년 코너스톤네트웍스를 실사했다. 이 기업은 H증권 유료서비스에서 추천한 주식이다. 기업을 방문해 보니, 적자가 심해서 공장은 이미 가동을 멈춘 가운데, 기업의 명맥을 전혀 이어가지 못하고 있었다. 이 광경을 보고 "이 기업은 개판이고 쓰레기"라고 했더니, 주식을 보유한 투자자들로부터 환불 요청이 오는 등 한바탕 소동이 일기도 했다. 이처럼 기업 주식을 추천할 때는, 반드시 기업의 현재 경영상황을 정확하게 파악하고 미래 가치를 담보할 수 있을 때 진행해야 한다. 그것은 애널리스트가 견지해야 할 최소한의 직업적 의무이자, 최고의 미덕이라고 생각한다.

주가 조작해서 매도하고 빠지는 작전주와 세력주 주의해야

주식 투자에서 가장 우려해야 할 주식이 작전주와 세력주다. 대개 1달 평균 거래량이 챠트에 올라오는데, 특정 달에 거래량이 갑자기 급등하는 경우가 이에 해당한다. 작전주의 경우 실제 재료도 변변하지 않은데, 돈이 많은 투자회사 4개 정도가 결탁하여 수천, 수조의 자금을 뿌려 주식을 매집한 후 거래할 수 있는 물량이 말라버리게 한다. 그러면 갑자기 특정 주식이 폭등하기 시작하는데, 이 때 개미투자자들이 주식을 매입하기 시작한다. 그러면 이 때 작전 세력이 들고 있는 물량을 모두 매도해버리고 나오기도 한다. 이 경우 손해는 고스란히 개인 투자자들의 몫이다.

위 케이스에 해당하는 한 사례를 소개한다. 매출의 1%를 차지하는 손 세정제를 취급하는 회사인데, 이 사업으로 인해 주가가 10배 이상 상승했다. 이 기업의 경우 뉴스를 터트리고 주식을 대량 매집하여, 물량을 아예 시장에서 없애 버렸다. 그러자 주식이 짧은 시간에 상한가를 기록하며 10배 정도 상승했다. 마지막 날 작전세력이 물량을 모두 매도하고 나가버렸고, 이를 산 개미투자자들이 고스란히 손실을 입게 되었다.

한국의 30% 상한가 제도, 제로섬게임의 주식 시장 교란 원인이 되기도

여기서 잠시 상한가에 대해 설명을 하면, 기본적으로 한국 시장은 상한가 제도 때문에 주식 시장 교란이 쉽게 일어난다. 관계 당국에서 상한가 제도를 둔 목적은 공정한 거래를 보장하기 위해서라고 한다. 그러나 2000년 상한가 10%, 2014년 15%, 2015년 30% 상한가 규정이 사실은 주가 조작의 계기가 되고 있다. 물론 상한가로 주식 거래의 혜택을 보는 투자자 입장에서 좋은 일이지만, 반대로 손해를 보는 측도 있기 마련이다. 누군가 잃고 누군가 따게 되는 제로섬게임인 주식 시장의 생리를 이해한다면 충분히 수긍이 되는 부분이다.

투자전략 03
투자 종목과 매수,
매도 시기 결정하는 요인

주식 투자는 결국 종목 싸움이다. 오를 종목을 저가에 매수해서 고가에 매도를 하면 성공적인 주식 투자법이다. 그렇다면 어떤 주식을 언제 사고 팔아야 하는지 알아야 성공적인 주식투자를 할 수 있다.

시장과 산업의 트렌드 알면 상승 종목 알 수 있어

종목을 어떻게 선정해야 할까? 각자가 속한 사회의 경제상황, 시장경기, 경제적 이슈, 산업의 트렌드, 정치적 환경, 글로벌 이슈 등 여러 가지 변수가 주가에 영향을 미친다. 간단하게 말하면, 주식 시장의 트렌드를 알면 종목 선정을 어렵지 않게 할 수 있다. 한 나라의 경제적, 사회적 상황에 따라 특정 문제를 해결하기 위해 기업들이 특정 산업에 집중적으로 투자를 한다. 투자 활동으로 만들어진 생산 시설에서 생산하는 상품이나 서비스를 시장에서 판매하며 기업활동을 영위한다. 예를 들면, 전국민의 30%가 만성질환을 앓고 사망하는 고령화 시대에는 건강관리에 필요한 헬스케어, 제약, 바이오 등이 주요 투자종목이다. 2021년 봄 코로나 사태가 발생한 이후 바이오, 헬스케어, 제약, 진단키트 종목이 핵심산업이 되면서, 관련 종목이 주식 시장에서 가장 큰 폭으로 성장했다.

실적주 KG ETS 상승곡선과 어닝-서프라이즈

주가의 상승 요인은 굉장히 많은 이유가 있다. 그 중에 실적주의 특징을 살펴보고자 한다. 2021년 7월 큰 폭으로 상승한 KG ETS의 경우 2021년 5월 17일 6~7천원 하던 주식이 5월 18일 상한가를 기록한 후 상승하면서, 2021년 7월 8일 신고가인 26,750원을 기록하였다. 이 종목의 경우 매출과 영업이익, 순이익이 대폭 상승했다. 전년 대비 높은 실적을 기록하며 어닝-서프라이즈가 된 경우다.

최근 어닝-서프라이즈를 보여주는 기업들이 상당히 많이 나오곤 한다. KG ETS의 경우, 폐기물 처리 관련 주식으로 원래 인기가 그리 많지 않았던 종목이다. 보통 일 평균 거래량은 100만주 이하로 거래 되었으며, 거래대금은 65억 미만이었다. 시가총액이 2,300억 이상하던 종목에서 일 평균 거래대금이 65억이면 굉장히 적은 거래량이라고 볼 수 있다. 이 기업의 재무를 살펴보자.

[표2-3-1 KG-ETS 2017-2021년 5년간 재무구조]

년도	2021/03	2020/12	2019/12	2018/12	2017/12
매출액(억)	6,948	1,539	1,609	1,237	1,088
영업이익(억)	578	191	159	136	138
순이익(억)	826	267	978	113	117

2021년도 분기실적만 봐도 상당한 상승률을 기록하였다. 이로 인해 6천원 하던 주가가 2만원 이상 돌파하면서 역대 신고가를 기록하였다. 상승 배경에 코로나19로 인한 의료 주사기 폐기물, 플라스틱 폐기물 증가 등의 여러 가지 요인이 있다. 그렇다고, 특별한 이유가 있는 KG ETS만 어닝-서프라이즈가 나온 것은 아니다.

여러 업종 중 코로나19 사태로 배달 업종이 굉장히 큰 폭으로 실적이 상승하였다. 대표적으로 진단키트 취급 관련 기업들이 엄청난 폭으로 상승을 기록하였다. 재무제표를 확인해보면, 씨젠, 엑세스바이오, SD바이오센서 등이 눈에 띄게 상승한 것을 알 수 있다.

투자전략 04
주식매매기법,
초단타 스켈핑 기법과 갬블링

　주식 투자를 하기 위해 매매 방식에 대해 이해를 할 필요가 있다. 주식 매매 방식에는 단타 매매, 중기 매매, 장기 매매 등의 3가지 방식이 있다. 주식은 단기 투자가 아니라, 장기 투자라는 기본 전제 조건을 이해하고 주식 투자를 한다면 승률이 훨씬 높다. 필자는 기본적으로 단기 중 최단기 스켈핑 매매와 장단기 매매를 병행한다.

　매매기법 중 스켈핑 매매는 주식 시장의 움직임과 당일 주가 등락을 펠 수 있을 정도로 실력을 갖추어야 한다. 또한 단타는 0.1초만에 이뤄지기 때문에 감각이 있어야 한다. 한번에 수억의 주식을 매매할 경우, 자칫 실수라도 하면 엄청난 손실을 볼 수도 있다. 그래서 초단타는 손감각이 있는 20대들이 많이 한다. 단타의 승률은 하루 15-30% 기록을 세울 수 있기 때문에, 한 달이면 200-300%의 수익을 얻을 수 있다.

0.1초만에 매도하는 스켈핑 수익 거두려면,
거래량이 많고 등락폭이 커야

주식 매매 기법 중 최단기간 내에 최고 수익을 낼 수 있는 방법이 초단타, 즉 스켈핑 방식이다. 초단타는 주식을 사서 0.1초 만에 매도를 하는 방식이다. 필자의 경우 초단타를 10번 한다고 가정했을 때, 7-8번은 수익을 냈다. 이 때 수익률은 0.3-0.5%로 볼 수 있다. 스켈핑을 하려면 먼저 거래량을 파악해야 한다. 거래량이 많고 등락폭이 커야 스켈핑 매매로 수익을 볼 수 있다. 하루에 총 주식의 30%가 움직이면, 스켈핑을 할 수 있는 조건이 된다. 그러나 보통 주가가 높으면 거래량이 별로 없기 때문에 스켈핑하기가 부적절하다.

1-100위 기업의 하루 거래량 파악하면,
익일 주가 등락과 거래량 예측 가능

한국의 주식거래 1-100위 기업의 하루 중 거래량을 파악하면, 다음 날 주가 등락과 거래량을 예측할 수 있다. 중요한 것은 이들 기업의 기본적인 경영보고서를 반드시 읽어봐야 한다는 점이다. 기업의 분기보고서, 감사보고서, 매출 보고서 등을 통합해서 읽어봐야 한다. 필자는 평소 회계와 세무 관련 공부를 특별히 한 적은 없다. 그러나 주식 투자자로서 기업의 미래 가치를 알아야 주식의 가치를 평가할 수 있기 때문에 분기보고서, 감사보고서, 매출보고서 등을 반드시 읽고 기업 가치 분석 근거로 활용한다.

단기 스윙 1-3달, 최장 1-3년 중장기 매매, 평균 수익률 20%

주식 매매 기법에서 가장 권장할 만한 것은 중장기 매매기법이다. 이 때는 산업의 트렌드와 기업의 투자품목, 시장의 요구 등 주식에 영향을 미치는 3가지 요인을 모두 파악하고 재료를 보고 미리 선투자를 한다. 이 경우 투자 기간은 단기일 경우 1달에서 3달까지 갈 수 있다. 물론 장기 투자일 경우 1년에서 3년을 갈 수도 있다. 중장기 투자일 경우 수익률은 작게는 30%에서 크게는 300%까지 갈 수 있다. 필자의 경우 2017년 바이오 붐이 일 때 중장기 투자를 해서 최저 100%에서 최고 700%의 수익을 얻었다. 또한 지난해 연말 대웅제약의 경우 연초에 투자를 해서 연말에 170% 수익을 거두기도 했다.

주식투자는 갬블러GAMBLER의 승률이 더 높다

과거부터 현재까지 주식 시장에서 갬블러GAMBLER들이 많은 돈을 벌었다. 5명의 애널리스트(주식 전문가)와 침팬지가 주식을 매수하여 수익률과 승률을 비교한 사례가 있다. 침팬지는 공을 굴려 무작위 종목을 매수하였고, 5명의 애널리스트는 분석과 여러 지표를 비교하여 매수하였다. 결과는 침팬지의 승리였고, 3명의 애널리스트는 수익을 얻는 반면, 2명의 애널리스트는 손실을 보았다. 실제로 일본에서 실험한 내용이며, 시장에서는 이 방법을 침팬지 매매라고도 한다.

증권 시장은 기업을 분석하고 디테일한 접근 요소가 필요한 분야이긴 하다. 그러나 증시는 사회의 축소판이며, 이론만으로 절대 수익률과 승률이 높지 않다. 우리가 대학교에서 배우는 이론을 기업에서 그대로 적용하지 않듯이, 주식도 글과 데이터만으로 승부를 볼 수 없다. 아무리 좋은 주식이라도, 언제 상승하며 언제 하락할지는 아무도 모른다. 모든 게임은 승패가 결정되기 마련이다. 주식 또한 누군가 수익을 보게 된다면, 반대로 누군가 손실을 입게 된다. 이 원리를 잘 이용하여 시장을 체스판이라 생각하고, 전략적인 계획과 동물적인 감각으로 접근하는 것이 주식시장에선 더 바람직한 방법이다. 그런 측면에서 필자는 과거 게임을 즐겨 했듯이, 요즘은 주식시장에서 플레이하는 갬블러GAMBLER라고 할 수 있다.

투자전략 05
산업별 장단기 종목
포트폴리오 구축해 리스크 관리!

 기본적으로 증권은 한 시대를 이끌어가는 성장산업에 속해 있는 기업들의 경영활동으로 파생되는 상품이다. 산업은 인간이 살아가는데 필요한 상품과 서비스를 생산하고 유통하는 과정이자, 결과다. 그런 만큼 시대가 필요로 하는 산업이 있는 만큼, 산업에도 흥망의 사이클이 있다. 산업의 역사를 돌아보면 시대를 상징하는 핵심산업이 있고, 성장 산업은 정부도 정책적으로 지원한다. 1960년대 후반부터 한국의 전략산업으로 부상한 조선업과 중화학공업을 비롯, 80년대부터 부상한 반도체, 자동차, 통신 그리고 1990년대부터 부상한 바이오 등의 산업군에서 해마다 증권 시장을 주도하는 대장주가 발생한다.

특정 시대 문제 해결하는 핵심산업의 흐름과
투자 관련 정보 파악해야

특정 시대에 어떤 산업이 주력산업과 성장산업을 이루는가 하는 점은 일간 신문이나 뉴스만 보아도 알 수 있다. 그런 만큼 주식 투자 하는 사람은 매일 최소한 신문이나 방송을 보면서, 지속적으로 경제 뉴스와 산업 정보를 파악해야 한다. 이외에도 경제 커뮤니티와 동호 회를 통해 신문에 등장하지 않는 실물경제 밑바닥 뉴스나 움직임도 파악하여 실용정보로 활용할 수 있다.

리스크 분산 위해
장기, 중기, 단기, 스켈핑 비중 나눠서 투자해야

2010년 증시는 한 차례 호황기를 누렸지만, 10년의 침체기를 거친 후 2020년 다시 회복하기 시작했다. 산업의 주기가 있듯이, 증시도 등락의 주기가 있다. 2010년 증시 하락기에 기업의 실적이 없었기 때문에 배당도 없었다. 그러나 경기 호황이 시작된 2020년부터 기업 실적이 좋아졌기 때문에 배당도 많이 나왔다. 2020년부터 2029년까지 10년 장기투자 종목을 선정한다고 가정하고, 장기, 중기, 단기, 스켈핑 종목 비중을 나눠본다. 이렇게 기간별로 종목을 나눠 선정하는 이유는 리스크 분산을 하기 위해서다. 4가지 종목 중 스켈핑 종목이 가장 실패 확률이 높다. 그러나 우량주와 중소형주가

승률이 높기 때문에 손실이 커버가 된다. 반대로 단기와 스켈핑이 계속 성공하면, 연간 100% 이상 수익이 가능하다.

각 기간별 보유 종목, 비중, 보유기간 각각 달라

그러면 장기, 중기, 단기, 스켈핑 투자 비중과 보유기간 및 특징을 한 번 살펴보자. 우선 장기투자 종목은 우량주 위주로 30-45%를 담는다. 여기에 해당하는 종목은 IT, 자동차, 바이오 등의 섹터에서 기아자동차, 삼성SDI, 녹십자, LG전자, 셀트리온 등이 해당한다. 보유기간은 최소한 5년 이상 10년 정도 보유한다. 중기 투자주는 중소형주로 20-25%를 보유하며, 보유기간은 1달에서 1년 정도다. 중소형주로 2차전지, 부품소재, 항공우주, 바이오 섹터에서 세방전지, 만도, 한화에어로스페이스, AP위성 등이 해당한다. 중소형주는 시가총액 2천에서 1조 규모로 주가 등락이 파도가 치듯이 심한 것이 특징이다. 단기투자 종목 비중은 15-20% 잡고, 보유기간은 하루 거래부터 길게는 1주일이다. 바이오, 반도체, 식품 섹터에서 우리들제약, 에스아이, 팜스토리 같은 종목이다. 마지막으로 스켈핑 같은 초단타 종목을 10-15% 가지고 간다.

예를 들면, 2021년 4월 14일 코스닥 지수가 1014 포인트를 기록하는 가운데, 한국 증시 사상 최고가를 기록했다. 이 시기를 잘 이용하면, 년간 100% 수익이 가능하다. 이 같은 시기를 감안하여, 총 투자금 중 기간별 종목에 원칙을 가지고 투자비중을 두어야 한다.

[표2-5-1 애널리스트 최정용의 투자종목의 주기별, 종목별 보유기간과 상승률]

보유기간	장기 5-10년	중기 1-5년	단기 하루-1달	스켈핑 5-10분
보유량	30-45%	20-35%	10-15%	10-15%
수익률	100-200%	100-200%	10-30%	3-5%
투자비중	37%	15%	6-10%	30-40%

투자전략 06
최정용 애널리스트의
장단기 포트폴리오 구성 전략 사례

2020년 이후 한국 증시에 부는 중요한 트렌드가 영끌 혹은 개미 투자 열풍이다. 20-30대들이 빚을 내서 증시에 투자하는 현상을 두고 하는 말이다. 부동산이 급증하면서 물가가 오르고 인플레이션 조짐이 보이자, 20-30대들이 증권투자를 시작한 것이다. 월급 받고 혹은 아르바이트해서 평생 집을 장만할 수 없는 지경으로 부동산이 오르고 임대차3법 때문에 전세값도 급등했다. 그런 상황에서 소자본으로 투자할 수 있는 증시가 가장 쉬운 투자대안으로 등장했기 때문이다.

최소 몇 천, 몇 억 정도가 되어야 투자가 가능한 부동산 시장에 비해 증권 시장은 몇 십, 몇 백 만원으로도 투자가 가능한 시장이다. 또한 매일 주가가 급등도 하고 하락도 하며 변화가 있기 때문에, 잘 만하면 수익을 거둘 수 있다고 파악한 것이다. 근로 소득 이외의 수입을 원하는 20-30대들이 증권 시장의 가장 민감한 투자자로 부상했고, 이들이 결국 가상화폐 투자자가 되었다.

10년간 학습하고 투자하는 애널리스트, 월 평균 수익률 20%, 연간 200% 수익률

필자는 20대 초반에 주식시장에 입문해서 5년 후 전문가로 활동할 만큼, 가장 많은 시간을 주식공부에 할애하며 투자를 했다. 그런 덕택에 주식 시장에서 단맛과 쓴맛을 최단기간에 보면서 전문가의 자리에 올라 주식으로 먹고 살며, 일도 하고 있다.

2020년대 들어 필자의 주식 수익률은 평균 200%다. 전체 투자의 70-80%는 확실한 수익이 나는가 하면, 20-30%는 손실을 보기도 한다. 2017년 3개월간 몰빵 투자로 빚더미에 오르며 실패했던 일을 겪은 이후 반드시 분산투자, 분할매수를 하면서 포트폴리오 투자를 한다. 여기서 다시 한 번 강조하는데, 투자는 과학이다. 감이나 모험으로 한 두 번은 성공할 수 있지만, 평균적으로는 실패할 확률 80%다. 그런 만큼 감이나 모험은 절대로 선택하지 않는 것이 바람직한 투자방식이다.

학습하면서 최종 승리하는 투자자가 되어
한국 증시의 힘이 되어주기를

　앞으로 이자율 상승과 급격한 인플레이션이 시작되고 주식 시장
이 다시 하락할 때, 개미투자자들이 어떻게 살아 남을 지가 관건이
다. 심히 우려되지만, 한국 증시의 저력을 만들어낼 수 있는 일이기
때문에 필자도 기대를 하며 함께 지켜보고 있다. 필자가 할 수 있는
조언은 주식투자는 과학인 만큼, 기업 경영 성과와 주가 동향 및 트
렌드를 지속적으로 학습하는 노력이 수반되어야 시장의 최종 승자
가 될 수 있다는 것이다.

　성장산업도 흥망의 사이클이 있다. 산업의 역사를 돌아보면 시대
를 상징하는 핵심산업이 있고, 성장 산업은 정부도 정책적으로 지원
한다. 20세기 후반부터 한국의 전략산업으로 부상한 조선업, 반도
체, 자동차, 바이오 등의 산업군에서 해마다 산업을 주도하는 섹터
가 있다. 트렌디한 정보는 경제 커뮤니티와 동호회를 통해 교환되어
투자에 실용정보로 활용된다.

　21세기 지구촌 시대에 한국의 증시는 해외 증시, 특히 미국 증시
에 지대한 영향을 받는다. 주식을 하는 사람이라면 반드시 미국 증
시 정보와 뉴스를 확인해야 한다. 필자의 경우 매일 9시 30분 나스
닥 시작 정보를 확인한 후, 밤 12시경 잠을 청한다. 오전에 일어나

5시에는 반드시 나스닥의 등락 종목 정보를 확인하고, 당일 코스닥 시장에 접근한다. 해외 경제 의존도가 높은 한국의 경우, 전날 미국 나스닥의 정보는 한국 코스닥 시장 전개의 바로미터라고도 할 수 있다.

미국 나스닥 정보는 CNN 증권 뉴스나 Investing.com과 같은 글로벌 뉴스에 매일 실시간으로 올라오는 만큼, 주기적으로 확인할 필요가 있다. 특히 미국, 유럽, 중국 등 주요 국가 정치 지도자들의 신년사에 매년 정부가 중점적으로 육성하는 산업의 정보를 파악할 수 있다. 2020년 미국 바이든 대통령이 풍력과 태양력의 중요성을 언급했는데, 그 해 그 산업군의 종목들이 상승했다. 또한 한국의 문재인 대통령이 소재, 부품, 장비 부문의 중점 지원에 대해 언급했는데, 그 해 이 산업군의 주식이 평균 150배 이상 상승했다.

2차전지도 최근 해마다 핵심종목으로 언급되고 있는데, 필자의 경우 2017년 매수에 들어가서 2019년 매도했다. 2차전지의 경우 처음 발굴하여 계획을 세워 2-3년 동안 장기 매수계획을 세웠다. 그리고 돈이 들어올 때마다 조금씩 매수를 했는데, 결과적으로 120% 수익을 거두었다. 단기 수급을 한다면, 보통 48% 정도의 수익이 예상된다.

포트폴리오,
장기 우량주 반드시 보유해야

이처럼 포트폴리오를 구성할 때, 반드시 장기 우량주가 있어야 한다. 2021년 포트폴리오 구성에서 장기 매집주는 식품 산업군이다. 그 이유는 신종 바이러스 영향으로 사람들이 물, 간편식 등 일상적으로 먹는 것에 관심을 가지기 때문이다. 이에 따라 오리온, 롯데칠성, 농심 같은 주식이 2021년 가을부터 상승할 가능성이 높다. 서울식품, 청정원, 팜스토리 등이 2021년 봄에 상승했고, 2020년 연말에는 편의점, 배달앱 등이 상승했다.

특히 식품주들은 우량주이지만 저평가된 경향이 있다. 오리온의 경우 과자, 간편식, 바이오 등이 주력산업이며, 향후 자동차 등에도 투자가능성이 있다. 오리온은 유보자금이 많기 때문에 성장산업에 대한 투자여력이 충분하다. 이미 오리온은 2020년 중국에서 투자행사를 하여 필요한 투자유치를 했다. 특히 오리온은 이후 바이오 섹터에 투자를 많이 했다. 오리온의 경우 매출은 5조 가량인데 비해, 시가 총액은 1조대일 만큼 상당히 저평가되어 있다. 이런 정보를 기반으로 필자는 오리온 주식을 10만원대부터 매수하였는데, 2021년 10월 쯤에 25만원 대에 도달할 것으로 전망한다.

매년 20% 경영성과 내며,
주주 배당하는 우량기업 종목 3년 이상 보유 중

　필자의 경우 3년 이상 보유하고 있는 종목들이 있다. 그 이유는 유량기업으로 지속적으로 기업이 성장하여 주가가 매년 20% 이상 성장하는 가운데, 무엇보다 매년 주주 배당을 하기 때문이다. 대표적으로 기아자동차 주식을 좀 보유하고 있는데, 지난해 주당 1500원 주주배당을 받았다. 그리고 기아자동차는 향후 성장성이 주목되는 종목으로 매년 상승하고 있다. 특히 기아자동차는 2021년 애플의 자율주행차 제작 협력업체로 선정되면서 주가가 급등했다.

　이처럼 지속적으로 성장세가 이어지는 산업군 우량주의 경우 장기 투자를 할 필요가 있다. 예를 들면 구글도 자율자동차산업에 진출한다고 하는 만큼, 계속 보유하고 있으면 상승할 이유가 충분히 있다. 파이프라인이 우수하면 뉴스가 뜨고 어닝서프라이즈가 된 후, 상한가 30%를 갈 수가 있다. 그 대표적인 케이스가 진단키트인데, 해외 수주 때문에 어닝서프라이즈가 발생해 평균 10배 이상 상승했다. 씨젠은 2020년 2월 20,000원 호가하던 주가가 어닝서프라이즈로 인해 2020년 8월 다시 상한가를 가서 31400원까지 갔다.

　HMM의 경우도 어닝서프라이즈에 도달한 주식으로, 2021년 2/3분기에도 대형 주수가 예상된다. HMM의 경우 5월 공매도 시기에도 45% 상승을 기록할 정도로 우량 실적에는 당할 것이 없다는 사실을 입증했다.

최근 가장 뜨거운 가상화폐 시장,
필자의 투자 철학에 부합하지 않아 투자 중단

최근 가장 뜨거운 투자처가 가상화폐였다. 2017년부터 2021년 봄까지 가상화폐에 대한 투자열풍을 보면, 대한민국 사람들의 투자 열풍이 세계적이라고 할만큼 뜨거웠다. 10년 동안 증권 시장을 공부하고, 정보와 산업흐름에 따라 투자를 해온 필자의 견해로 가상화폐에 대한 투자는 단순한 투자가 아니라 투기와 같았다. 아무런 실체가 없고, 거래가치도 없으면서 무한 거래하고 가격도 무한대로 상승하는 가상화폐에 대해 애초부터 필자는 신뢰를 하지 못했다. 그런데 투자 관련 일을 하다 보니, 2017년 년 말부터 고객들이 가상화폐에 대한 질문을 계속해서 필자도 공부하면서 투자를 해보기도 했다. 그 즈음 필자는 투자가 최고의 공부라는 입장에서 100원 투자를 해서 1100원 수익을 거두기도 했다. 그러나 등락폭이 워낙 크고 24시간 투자를 하는 시간대도 필자의 투자 라이프와 맞지 않아 2018년 3월 이후 투자를 하지 않았다.

투자전략 07
성장산업별 포트폴리오 구성전략

증권 투자에서 종목 구성을 잘 하기 위해서 특정 시대의 성장산업 중심으로 포트폴리오를 구성하는 전략이 필요하다. 2021년 4월 중순의 필자의 투자 포트폴리오 구성을 표2-8-1에서 한 번 살펴보자.

주식 시장에서 오르는 종목은 어떤 종목인지 살펴보자. 첫 번째, 주식에서 고평가된 주식은 올라도 소폭으로 상승하지만, 저평가된 주식은 오르는 폭이 크다. 예를 들면, 삼성SDI보다 저평가된 삼성전자가 상승폭이 크다. 삼성전자도 전기차와 반도체에 비중을 두는 가운데, 향후 사업품목으로 자율주행시스템에 주력하고 있다. 삼성전자는 미래 성장산업에 스마트폰 사업보다 10배 더 주력하고 있다.

[표2-8-1 애널리스트 최정용의 2021년 4월 중순 주식 포트폴리오 구성]

산업별	2차전지 반도체	우주항공	바이오	조선업	IT
종목 종류	– 삼성SDI – 엘앤에프 – SK아이 테크톨로지 – 에이프로	– 캔코아에로 스페이스 – AP위성 – 비츠로테크	– 셀트리온 – 셀리드 – 바이오니아 – 에스티큐브	– HMM – 한진중공업 – 대우조선해양	– 삼성전자 – 하이닉스 – 네이버 – 카카오
특징	전기차와 배터리 미래성장섹터	새로운 성장종 목으로 부상	상승폭 최대	10년 사이클 종목	지속 상승종목

두 번째는 인기주가 집중적으로 상승한다. 여러 섹터에 인기주가 있다. 대장주는 그 중 가장 많이 오르는 주식으로써, 실적도 좋고 인기가 있는 주식이다. 교육주에서는 메가MD나 YBM넷이 대장주다. 코로나19 사태 이후 비대면 원격교육이 실시되면서 이런 현상이 나타났다. 그런데 대장주는 고정된 것이 아니라, 계속 변화하기도 한다. 그 이유는 기업의 경영성과에 따라 자금이 이동되기 때문이다. 그렇기 때문에 특별한 기간에 지속적으로 주목하고 스터디를 해야 한다.

성장섹터와 관련 주식

이번에는 요즘 성장산업군의 주식을 한번 살펴보자.

첫째, 조선업을 볼 수 있다. 비대면 시대에 화물운송이 급증하여 조선업이 최대 성장기를 맞고 있다. 이에 따라 운임비용도 증가하고, 선박관련 산업도 전반적으로 호황을 누리고 있다. 선박, 해운, 물류 산업군에 속하는 HMM, 판오션, 태웅로직스가 이에 해당한다.

두 번째, 로봇산업 관련하여 자율주행, 자동차, 스마트기기 사업을 하는 기업이 유망하다. 이에 해당하는 기업으로 엔시스, 로보스타, 로보로보, 유진로봇 등이 있다.

세 번째, 우주항공산업이 부상하고 있다. 지구촌 환경오염으로 다른 행성을 찾아가기 위해 관련 산업이 발전하고 있다. 이와 관련한 종목으로 한화에어로스페이스, 켄코아에어로스페이스, AP위성 등이 있다.

네 번째, 반도체 관련하여 모바일, 자동차, 전자 비즈니스 기업들이 유망하다. 관련 기업으로는 어보브반도체, 제주반도체, SPA반도체 등이 유망하다.

다섯 번째, 바이오 산업이 최근 코로바 바이러스 때문에 활황이다. 그러나 바이오 관련 기업의 연구개발 활동이 모두 성공적으로 끝나지는 않을 것이다. 이들 기업 10개 중 5개는 성공하고, 5개는 실패할 수도 있다. 기업들의 성공가능성을 알 수 있는 자료는 홈페이지의 R&D현황, 파이프라인, 1상에서 3상까지 실험 등에서 파악할 수 있다. 그러나 파이프라인 1, 2개의 투자 가치를 정확하게 파악하고, 이후 기업 IR자료를 참고로 해야 한다. 그리고 무엇보다 대표의 경영마인드 등을 다각적인 검토를 통해 투자를 결정해야 한다. 바이오 산업은 제품화까지 시간이 많이 걸리는 분야라서 단기간 승부를 걸기는 힘들다. 그리고 이 분야에서 아직 이슈가 안된 기업도

면밀히 분석해야 한다. 이 분야 기업으로 셀트리온, 녹십자, 한미약품, 파미셀 등이 유망하다.

투자전략 08
돌발변수에 민감하게 반응하라

증시의 돌발변수 1 _ 경기

　증시에 영향을 미치는 여러 가지 요인이 있다. 이중 가장 중요한 변수는 경기다. 돌발변수라기 보다는 상수와 같은 변수다. 경기가 지속적으로 성장했던 2010년부터 2020년의 지난 10년간 코스피 지수는 1500에서 3000까지 올라서 2배가 되었다. 컴퓨터가 대중화된 이후 스마트폰이 나오기까지 14년의 시간이 걸렸다. 그러나 스마트폰이 출시된 이후 자동화가 진행되기까지 불과 4년의 시간이 걸렸다. 지식정보의 대중화와 고속정보의 유통이 초정보화 시대를 창출했다. 그 결과, 젊은 인구가 선호하는 비대면 앱 거래방식의 주식매매법이 대중화되어 주식시장 인구가 기하급수적으로 증가했다.

2021년 8월 즈음 한국 주식시장을 선도하는 주요 매수세력은 20대에서 30대의 젊은 개인투자자들이다. 특히 2017년부터 개정된 부동산 관련 세법이 나오면서 부동산 가격이 급등했다. 이에 상대적 박탈감을 느낀 젊은 세대들이 비교적 적은 자본으로 투자할 수 있는 증권을 재테크 수단으로 선택한 것이다. 여기에 첨단기술의 발달로 온라인과 앱을 통한 주식 매매가 가능하기 때문에, 기술마인드가 높고 앱 사용을 쉽게 할 수 있는 젊은 세대들이 주식시장의 주요 투자자로 부상한 것이다. 아르바이트를 하거나 직장에 다니는 20대, 30대 젊은 세대들이 신용을 써서라도 증권에 투자하는 열풍은 향후 경기와 물가 상승에 대한 기대를 가지고 미래의 기대 소득을 담보로 선투자를 하고 있는 것이다.

특정 시대에 성장하는
산업군 기업 종목에 주목하라

필자는 앞으로 5년 후에는 모든 기기의 자동화가 이뤄질 것으로 판단한다. 그 때가 되면 기계가 하지 못하는 서비스업, 금융업 일부, 환자와 대면 상담 부문, 과학자 등의 소수 직종만이 살아남을 것이다. 4차 산업 혁명시대에 신기술과 협업을 통해 새로운 기기와 산업이 창출되고 있다. 2025년 즈음이면 사람의 생명이나 재산과 관련성이 적은 일은 모두 로봇이 하게 될 것이다. 그 시대가 되면 로봇

개발생산 기업과 서비스센터가 성장 가도를 달릴 것이다.

제조중심 한국 기업이 21세기 로봇산업 선도한다!
로봇주에 주목하라!

　특히 한국은 국민들의 고도화된 정보마인드와 초고속 통신환경, 그리고 세계적으로 인정받는 얼리어답터인 글로벌 기업들이 효율적인 업무환경 구축을 하기 때문에 로봇산업이 어느 나라보다도 가장 앞서갈 것으로 전망한다. 그런 측면에서 향후 제조업 중심의 한국이 유럽이나 미국의 어느 선진국보다도 로봇산업에서는 앞서 갈 것이라고 생각한다. 필자가 겪은 한 사례를 들고 싶다. 1999년부터 2003년까지 필자가 초등학교 다닐 때의 일이다. 필자는 어린 시절부터 온라인 게임을 좋아했는데, 우리 집에 컴퓨터가 없을 때는 큰아버지 집에 가서 게임을 했다. 그 때 스타크래프트 온라인 게임을 주로 했다. 베틀넷에서 미국인과 통신을 하면서 게임을 했는데, 미국에서는 통신 속도가 무척 느려서 기다리면서 게임을 했던 기억이 난다. 국가적인 정보화는 한국이 20년 전과 동일하게 앞으로도 계속 앞서갈 것으로 전망한다.

　많은 기업이 시스템 자동화, 드론, 통신 등 관련 산업에 접목되고 있다. 21세기 혁신의 시대를 살아가는 인간은 빠르면서 편리한 방법으로 살아가기를 원한다. 그 때문에 배달음식과 인터넷을 포함한 모든 것이 신속하고 간결하게 우리에게 전달된다. 속도의 시대를 주도하는 대표적인 로봇주로는 로보스타, 로보로보, 로보티즈 등 여러 종목이 있다.

바닥 친 이후 다시 반등한다

증권 시장은 경기 흐름과 산업의 흥망에 좌우된다. 그런 측면에서 특정 시대를 이끌어가는 산업을 파악하고 특정 기업이 어떤 산업군에서 비즈니스를 하는지 파악하면 상승세를 이어갈 종목을 파악할 수 있다. 2020년 2월 초 코로나19 사태가 발생한 이후 40일 정도 경과한 3월 27일 한국 증시는 최저가를 기록했다. 당시 필자는 증시의 성격상 반드시 다시 상승국면이 온다고 판단하여, 하한가를 친 종목을 매수해서 상승국면에서 매도했다. 21세기 금융자본주의 시대에 증시는 반드시 필요한 경제환경이기 때문에 자본시장의 원천 소스이다. 그 점을 이해한다면, 주식 시장이 특정 이슈 때문에 하한가를 치면 주식을 사야 할 시점으로 보면 된다.

공매도에도 국내 개인투자자 10조원으로 증시 버팀목 형성

2021년 증시에서 중요한 쟁점이었던 공매도 상황을 살펴보자. 공매도는 기관이나 외인 자금을 증시로 유입시켜 유동자금을 늘리려는 목적이다. 공매도 기간 중 기관과 외국인 투자 세력은 증권사로부터 주식을 높은 가격에 대여해서 고점에 매도를 한다. 그리고 주가가 하락할 때 다시 매수를 해서 기관에 대여한 주식 수만큼 상환한다. 이런 방법으로 공매도 세력은 주가의 시세 차익을 얻는다. 그러나 공매도로 인한 한국 증시 양상은 2021년에는 과거와는 달랐다. 공매도가 시작되면서 강한 수급이 일어났고, 그와 동시에 증시도 동반 성장했기 때문에, 반등이 시작되었다. 그 이유는 국내 증권시장에 들어와 있는 개미 투자자들이 막대한 자금력을 기반으로 공매도 세력에 버금가는 강한 버팀목을 형성하기 때문이다. 하루 10조 이상의 자금력으로 개인 투자자들이 공매도 시장을 지키기 때문에, 과거와 같은 시장 혼란이 오지 않는 것이다.

[표2-9-1 공매도 시기의 증시 N자형 하락 챠트]

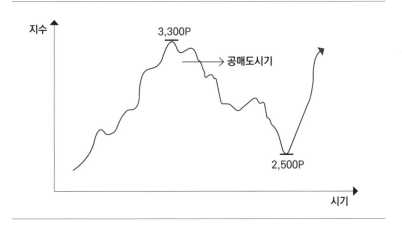

증시의 돌발변수 2 _ 바이러스와 미국 증시

　21세기 초 증시의 두 번째 변수는 바이러스다. 2022년에도 2021년 코로나19와 유사한 바이러스가 터질 것이다. 코로나19보다 더 강한 바이러스가 나오면서 바이오, 헬스케어 산업은 다시 활황을 누리게 될 것이다. 이렇게 되면 코스피 지수도 3,000-4,000대를 선회할 것으로 본다.

　이외에 증시에 영향을 주는 돌발 변수는 미국 증시라고 할 수 있다. 그 이유는 우선 한국 경제의 해외 의존도가 높기 때문이다. 그리고 무엇보다 미국이 한국의 수출 2위 국가이며, 미국은 세계 경제의 패러다임을 결정하는 기술과 제도의 표준을 제시하는 국가로서의 위상이 있기 때문이다.

　한국의 오후 10시 30분경, 미국 동부 시간으로 9시에 미국 증시가 시작된다. 한국 사람들이 잠자리에 들 때, 미국 증시가 시작되어 다음 날 오전 5시 30분에 종료된다. 한국 증권 시장은 미국의 물가 상승, 인플레, 기술주 등락 등에 영향을 받는다. 한국 시간으로 오전 5시 30분에 종료된 미국 증시 등락이 오전 9시에 열리는 한국 주식 시장에 그대로 반영되어 나타난다. 그래서 필자의 경우, 밤 10시 30분에 시작되는 미국 증시를 30분 정도 스터디한 후 잠자리에 든다. 그리고 다음 날 새벽 5시에 일어나서 5시 30분에 마감하는 미국 증시의 이슈와 주요 섹터를 점검한 후, 특별히 오르거나 빠진 종목은 그 원인을 파악하여 한국 증시의 오전 장에 대비한다.

한 사례로 2021년 5월 3일 공매도 상황을 보자. 이날 오전부터 기관이나 외인이 계속 공매도하면서 주가가 계속 하락했다. 요즘 한국 증시는 빚 내서 투자를 하는 동학개미들이 150% 증가하며, 주식시장의 안정을 지지하는 주요 세력이 되고 있다. 2021년 현재 한국 증시의 개미투자자들이 급격한 증시 폭락을 저지하는 선이 되어, 향후 시장의 예측 가능한 세력 역할을 하고 있다.

증시의 돌발변수 3 _ 대장주 기업의 위기 대처능력

증시에 영향을 미치는 대장주의 경우, 위기 상황이 발생하면 증시 전체에 영향을 미친다. 최근에 상승세에 있는 제약, 바이오주의 경우를 예로 들어보자. 녹십자의 경우 최근 코로나19 치료제 개발 중단과 혈장 치료제 조건부 허가 불발 소식을 발표했다. 녹십자는 충격완화를 위해 장이 마친 후 올빼미 공시를 했다. 만일 다음날 개장 시간에 발표를 했으면, 100% 하한가를 칠 상황이다. 그러나 녹십자는 6시부터 기업에서 공시의 충격을 완화할 수 있는 뉴스 "녹십자가 MSCI(Morgan Stanley Capital International)에 편입된다."라는 소식을 동시에 발표했다. 그러자 증시가 좀 빠지다가 다시 상승국면을 유지하기 시작했다.

이와 반대로 3월 17일 종근당 사례를 보자. 당시 종근당은 코로나 치료제 개발 기사가 장중에 나와 상한가를 쳤다. 그러나 시간 외에 코로나 치료제 나파벨탄 조건부 승인이 무산되었다는 기사가 나왔다. 그러자 시간 외 거래에서 하락하더니, 그 다음 날 23% 하락했다. 이 경우는 녹십자와는 대비되는 경우로, 대응하는 뉴스가 없었기 때문에 하한가는 피할 수 없었던 경우다. 개인들이 이런 상황에 대비하려면 전문가의 도움을 받아 분할매수와 비중관리를 하면서 투자를 해야 한다.

증시의 돌발변수 4 _ 지인의 얘기를 듣고 하는 뇌동매매

돌발 변수에서 가장 큰 변수는 근거도 없이 충동적으로 하는 뇌동매매다. 이런 경우는 대체로 주변 지인의 얘기를 듣고 짐작하여 매수를 하는 경우가 많다. 예를 들면, 삼성전자가 85,000원대를 유지하다가 갑자기 75,000원대로 하락하면, 그 이유를 분석하기 전에 매수를 하는 경향이 있다. 분석데이터 없이 매수를 하는 경우가 돌발변수가 된다. 합리적인 매수를 하려면, 반드시 그 하락과 상승의 이유를 파악하고 나서 매수를 해야 한다. 이 경우 주식 초보자들이 항상 하는 말이 있다.

"지금 사도 그 사람보다 싸게 산거야!"

이 말은 비교 대상이 가까운 지인이 되는데, 이 경우가 뇌동매매가 된다. 이 경우는 외인이나 기관들이 삼성 주식 매도 소식을 내고

하락시킨 후 개인들이 팔도록 만드는 경우가 많다. 이런 경우 뇌동 매매를 하면, 아무런 정보 없이 잠시 세력들의 작전에 걸려들게 된다.

증시의 돌발변수 5 _ 대선이나 주요 지자체 단체장 선거전용 정치주

2021년 유입된 20-30대 개인투자자들이 한국 증시에 한 흐름을 창출하는 세력이 되고 있다. 요즘 이들 동학개미를 주식 시장에 끌어들이기 위해 증권가에서 찌라시 뉴스를 뿌리면서 주가를 올리는 추세다. 이들을 겨냥한 종목이 정치주. 대선 주자들의 경우 20-30대 표를 겨냥해, 이들이 돈을 벌 수 있도록 하겠다는 취지로 정치주를 의도적으로 끌어올리는 행동을 증권가에서 한다. 이 같은 행위는 표를 얻기 위해 돈을 뿌리는 것은 아니지만, 간접적으로 증시를 통해 돈을 벌게 하는 우회전략인 셈이다. 특정인 관련 주식을 통해 돈을 벌게 된 유권자라면, 주가 유지를 위해 특정인에게 투표할 확률이 높다. 이런 주식으로 2021년 상반기에 급등한 윤석열 주 NE능률과 이재명 주 에이텍티엔을 들 수 있다.

정치주를 통해 대선 주자들이 증권 시장을 이용하여 금권 선거를 하는 셈이다. 이것이 현실이며, 그런 의미에서 한국의 경우 2022년 대선을 겨냥해 2021년 12월까지 정치주, 대선주 랠리가 이어질 것이다. 무엇보다 12월이 되면 핵 펀치를 날릴 대선주가 부상할 것이

다. 12월이 되면 대선을 겨냥해 일자리정책, 부동산정책, 경제정책 등을 발표할 것이고, 이런 정책들이 계속 주가에 영향을 미치게 될 것이다.

투자전략 9
주식은 게임이다

　필자가 초등학교 다니던 90년대 게임은 단순히 신세대나 젊은이들이 놀이거리로 인식되었다. 하지만 2000년대 중반 이후 한국 게임이 해외 시장에 진출하고 넥슨 같은 게임 회사가 조 단위의 매출을 기록하면서, 게임은 하나의 산업으로, 문화로 자리 잡았다. 더구나 고객들의 인기에 힘입어 게임 회사는 2010년대 이후 증권 시장에 상장되어 게임 관련 산업에 종사하는 사람들은 고액 연봉자가 되어 누구나 부러워하는 직업이 되었다. 특히 놀이문화로 자리잡은 게임은 e-Sport로 분류되며 매년 올림픽도 열리고, 프로게이머는 젊은이들이 선망하는 직업이 되었다.

온라인에 익숙한 게임 세대가 주식 시장 진입,
4천만 증권계좌 시대 열어

특히 2000년대 이후 인터넷의 영향으로 온라인게임 시대가 열리면서, 게임에 대한 이해도가 높아졌고 접근성 또한 용이해졌다. 특히 스마트폰이 대중화되고 앱 시대가 열리면서, 마음만 먹으면 바로 게임을 접할 수 있고, 인터넷에 검색만 하더라도 게임 공략집과 노하우를 배울 수 있다. 그와 동시에 게임을 즐겨하던 20-30대가 5G 시대에 접근이 용이해진 앱중심의 주식거래 덕분에, 주식시장에 진입하여 증권계좌 4천만 시대를 열었다.

이 책에서 필자가 '주식을 게임으로 접근하라'라는 글을 읽고 의아해하는 사람도 있을 것이다. 이 말을 제대로 이해하기 위해서는 주식시장을 제대로 이해할 필요가 있다. '게임을 하듯이 하라'는 말이 단순히 게임처럼 즐기면서 투자를 하라는 뜻이 아니다. 예전의 게임을 한낱 놀이로 보던 식으로 접근하자면, 주식으로 돈을 벌고 잃고 하는 행위를 즐기며 투자하라는 의미가 적절하다.

1초의 판단으로 게임 승패 결정되듯,
주식도 순간의 판단으로 매매 진행

필자는 초등학교 때부터 게임을 즐겨했고, 대학교 때는 프로게이머가 되어 시중의 게임 고수들과 기량을 겨루며 재능을 연마하기도 했다. 대학교 2학년 시절 프로게이머가 되었던 필자는 게임 매니아였고, '잘한다'는 소리를 들으면서 온세상을 다 얻은 기분이 되기도 했다. 필자는 2010년부터 증권을 시작하면서 온라인 세계에 익숙한 만큼 증권 거래도 게임처럼 즐거이 했다.

필자가 즐겨하던 게임 속 세상에는 항상 승자와 패자가 나뉜다. 그 결과는 1초의 집중과 1초의 선택으로 승부가 결정이 났다. 당시 필자가 즐겨했던 리그오브레전드라는 게임은 3판 2승의 대회에서 1판당 30분 이상의 시간이 소요된다. 30분간 비등하던 실력일지라도, 1초의 판단으로 승패가 나뉜다. 그만큼 게임은 굉장히 집중력이 필요하고 민감한 분야이다. 게임처럼 주식 또한 1초의 판단으로 매수와 매도가 이루어지며, 그 결과는 수익과 손실로 나뉘게 된다.

주식은 게임 보다 수가 많은 장르

다만 주식은 게임보다 더 많은 요소가 작용하는 장르이다. 게임은 게임 속 여러 캐릭터들과 스킬 그리고 공략을 익혀가야 한다면, 주식은 증시 속 자금이 어디로 이동하고 있는지, 해외 증시는 어떠한지, 외국인과 기관의 포지션은 어떠한지, 최근 트렌드 섹터는 무엇인지, 기업은 건실한지, 미래지향적인지, 등등 여러 가지 요소로 인해 매수, 매도가 이루어진다.

주식 투자자들은 현금(지폐)이 주식계좌에 들어있는 돈 같아 보이지 않을 수도 있다. 손에 잡히지 않고 단순히 숫자로만 찍혀있으니 더욱 더 그럴 수밖에 없다. 마찬가지로 게임도 가상의 캐릭터일 뿐 현실의 내가 아니다. 이런 부분에서 게임과 주식에서 유사한 점을 찾을 수 있다.

너무 많은 생각을 하는 투자자,
기다린 시간에 연연해 더 큰 손실보기도

지난 10년 동안 증권투자를 하며 시장의 특성을 익힌 필자가 보는 관점에서 투자자의 가장 나쁜 버릇은 너무 생각이 많다는 것이다. 게다가 기다린 것이 아쉬워 보상심리로 인해 하락하는 주식을 손절하지 못하는 것이다. 아마 다들 정답은 잘 알고 있겠지만, 그렇게 움직일 수 없는 것이다. 예를 들면, 2020년도 1~2월에 코로나로 인해 시장이 무너지는 와중에도 손실이 아까워 -10%만 볼 손실이 -30%까지 내려가곤 했다. 코로나가 역대 초대형 악재인건 누구나 다 알고 있었다. 하지만 손은 머리와 따로 놀고 있기 때문에, 머리는 손절을 요구하지만 손은 그렇게 나가질 않는다. 게임은 손과 머리가 같이 움직였을 때 비로소 승리한다.

분석과 감각적인 매수에,

담대함과 배팅할 배짱이 필요해

'게임처럼 하라'라는 내용은 단순히 주식을 도박하듯이 생각나는 대로 매수하고 매도하라는 의미가 아니다. 게임을 할 때 어떻게 하면 더 잘할 수 있는지, 더 잘 키울 수 있는지 경험하면서 여러 가지 시행착오를 거치는 결과, 더 나은 실력을 갖게 된다. 주식도 분석과 감각적인 매수, 매도 타이밍, 그리고 담대함과 배팅할 때의 배짱이 필요하다.

주식투자를 할 때 이 점을 꼭 기억하자.

'주식은 게임이며, 갬블러가 되어야 주식시장에서 살아남을 수 있다.'

필자가 매일 오전에 하는 주식 거래방식인 스켈핑과 단타를 하면서 터득한 수많은 깨달음이 바로 '주식은 게임처럼 해야 한다'라는 결론이다.

투자전략 10
가장 안정적인 상태에서 매도, 매수하라

주식 투자를 할 때 실패를 줄이고 성공률을 높일 수 있는 기본은 안정적인 상태에서 시장에 들어가는 것이다. 필자의 경우, 전문적인 주식투자자의 입장이라 가능한 상황이다. 그러나 직장인의 경우 9시부터 6시까지 회사에 소속되어 일하는 상황에서 주식 시장에 집중하기 힘들 수 있다. 그러나 기본을 이해한다면 바쁜 일정에서도 원칙을 세우고 각자가 가장 안정적인 시간을 만들어서 주식 시장에 들어가야 할 것이다.

새벽 5시에 30분간 미 증시 흐름 파악하면서

하루를 시작하고

그런 측면에서 필자의 하루 주식시장 운영방법을 소개한다. 먼저 주식 시장에서 성공적인 투자를 하려면 정보와 지식을 얻고 민감하게 대처를 해야 한다. 하루 중 주식에 가장 영향을 미치는 변수가 미국 증시다. 그런 측면에서 하루 중 미국 증시 흐름에 대한 정보를 파악해야 한다. 그래서 필자의 하루는 미 증시가 끝나는 새벽 5시에 시작된다. 30분 동안 미 증시의 흐름을 파악하고, 국내 증시 관련 온라인 뉴스를 보면서 오전 9시 장에 대비한다.

오전 8시 40분경 유투브 클래식 음악 들으며
심신의 안정을 되찾고

필자의 경우 장이 시작되기 전 8시 50분경 클래식 음악을 듣는다. 2017년 학교에서 수업을 듣고 주식 투자를 하던 시절부터 생긴 습관인데, 클래식 음악을 들을 때 가장 안정적인 상태가 됨을 알았다. 이후 그 습관을 유지해오고 있다. 요즘은 문래동 사무실에서 유투브 클래식을 들으면서 마음의 안정을 찾고, 오전 장을 대비한다.

하루 중 9시부터 9시 30분까지 거래량 가장 많아,
스캘핑 매매 진행

하루 중 주식 거래가 가장 많은 시간은 오전 9시부터 9시 30분까지 30분간이다. 그 이유는 기관들이 전날 경기흐름이나 자금 전략을 세운 후, 오전 9시부터 매수를 하고 9시 30분에 매도를 하기 때문이다. 그래서 종목 당 거래량이 많은 필자의 경우, 오전 9시부터 30분간 매수와 매도를 모두 마친다. 특히 미국 플랫폼 기업 주가가 하락하면 우리 증시에서 카카오나 네이버에 영향을 받기 때문에 9시에 주식을 매수해서 9시 30분에 매도를 한다. 10시 이후는 주식 흐름을 주시하며 장중에 공시 뉴스가 뜨고 주가가 오를 때, 매수와 매도를 한다. 필자는 책상 위에 컴퓨터 2대를 놓고 한 대는 관련되는 종목을 보고, 나머지 한 대는 증권 관련 방송을 보면서 돌발상황에 대처한다.

12시부터 1시까지 점심 시간에 작전 세력들 작전 실행, 매매 금지해야

보통 점심 시간인 12시부터 1시 사이에 작전세력들이 작전을 실행하기도 한다. 그래서 필자는 세력들 활동 시간에는 매수, 매도를 하지 않는다. 작전 세력들은 점심 시간에 뉴스를 띄워 주가를 5% 정도 올린 후, 개인들이 주식을 사고 주가가 상승하기 시작하면 바로 매도하고 빠져버린다. 물론 작전의 손실은 개인 투자자들이 고스란히 떠안게 된다.

필자의 경우 오후 1시부터 3시 30분까지 2시간 30분 동안은 포트폴리오에 담아야 할 주식이 하락하면 매수를 한다. 급등주는 가급적 매수하지 않는다. 그러나 급등 이유를 알 때는 뉴스를 보고 매수를 하는 한편 5분 후 매도하고 빠진다. 주식거래에서 하루를 넘기지 않는다는 원칙에 충실해야 하기 때문이다.

필자의 경우 포트폴리오 투자를 한다. 성장하는 섹터를 선정하고 종목당 1억 정도 매수를 하는 한편 섹터 당 1종목만 투자한다. 선택의 기준은 거래량이 많은 대장주를 매수한다. 이 때 기준은 재무상태가 안정되고, 신용을 쓰지 않고, 외국인 투자자 비율이 적은 경우를 선택한다. 한 예를 들면, 필자의 경우 로봇 관련 미래 유망주로 로보스타에 투자한다. 재무적으로 큰 폭의 유보율을 보이고, 신용 비율이 낮으며, 거래량도 많다. 또한 증시를 교란시키는 외국인 비중이 적은 주식이라는 4가지 조건을 모두 충족시키기 때문에 투자한다.

장 마감 시간에 거래 자제하며
오버나이트 하지 않는다

가급적 장 마감하는 시간에는 종목을 건드리지 않는다. 필자의 경우 오버나잇을 하기 않기 때문에 신규 매수를 하지 않는다. 그 이유는 장이 닫힌 시간에 어떤 세력이 어떤 작전을 펼칠지 알 수 없어서 예측이 불가능하기 때문이다.

주식 시장에 들어갈 때는 주식 이외의 다른 일체의 생각은 하지 않고, 오로지 시장에만 몰입한다. 이 시간에 대체로 주요한 종목 100여개 중 80%를 주시하며 상승 종목과 하락 종목을 파악한다. 나머지 20%는 장 마감 후 뉴스를 보면서 종목 등락을 반드시 파악한다. 주식 시장 학습 경력 10년차인 필자의 경우 주식시장에 상장된 종목 2000여개는 어느 정도 파악하고 있고, 항상 스터디하는 편이다. 다만 매일 나스닥과 코스닥 거래량 순위로 100개 종목은 반드시 파악을 해서, 당일의 주식시장 흐름을 파악한다.

손절 할 때와 주가가 계속 빠질 때,
잠시 거래 멈춰야

손절 할 때는 반드시 잠시 매매를 멈춰야 한다. 그 이유는 손실을 만회하려는 심리 때문에 섣불리 매수를 할 수 있기 때문이다. 이 때는 잠시 밖에 나가서 호흡을 가다듬거나, 동료와 대화를 나누는 것도 좋다. 손절 사실을 잊어버리고 평온한 상태에서 매수를 해야 한다. 그리고 무엇보다 시장이 좋지 않을 때는 매도, 매수를 하지 않아야 한다. 계속 빠질 수 있는 상황이기 때문에, 이 때 매매를 하면 반드시 거래금액의 손실이 발생한다. 그리고 선물의 가격이 현저히 올라간 시간에는 인플레이션이 올 수 있는 상황이다. 주가가 계속 빠질 때는 컴퓨터를 꺼버리거나, 앱에서 눈을 떼는 것이 바람직하다. 증권 투자는 안정적인 상태에서 해야 실수로 인한 손실을 줄이고 수익을 볼 수 있다.

'주식은 게임처럼 하는 사람이 이긴다',
단 학습이 되어 있고 확신이 선 이후!

  마지막으로 하고 싶은 말은 '주식은 게임처럼 하는 사람이 이긴다'라는 진실이다. 주식은 돈 넣고 돈 먹는 합법적인 도박시장이다. '하이 리스크, 하이 리턴'이란 말이 꼭 들어맞는 시장이다. 소심하면 돈 벌기 힘들고, 과감하게 해야 한다. 단 조건이 있다. 시장을 잘 알고, 환경에 대한 파악이 되어 있고, 확신이 설 때 투자를 해야 한다. '종목과 시장에 대한 학습과 파악이 되어 있지 않다면, 절대 전문가 도움 없이 들어가면 안 된다'라는 것이 필자의 지론이다.

◆ 제 3 장 ◆

**코로나19 시대의
성장산업과 증권시장 트렌드**

트렌드 01
코로나19 시기. 주가 하락 후
V자로 급반등 후 N자형 하락

지난 10년동안 주식시장 투자자로, 애널리스트로 살아온 필자의 견해로 한국 증시 최대의 사건은 2020년의 코로나19 사태다. 2019년 중국 우한에서 처음 발생했다고 보도되는 우한 바이러스는 2020년 2월 한국에 상륙하면서, 사람들의 일상생활을 불가능하게 하면서 한국 사회에 새로운 트렌드를 만들었다. 코로나19가 발생한 지 1년이 지난 2021년 한국 사회의 놀라운 변화는 모든 사람들이 마스크를 쓰고 다니는 것을 당연시하게 되었다는 점이다. 의식이 사람의 행동을 변화시킨다는 말의 의미를 실감하는 시간이다.

2020년 2월 초 코로나19 이후 증시 하락,
3월 19일 최대치 하락 후 다시 반등

2020년 봄에 한국에 확산되기 시작한 코로나19가 지대한 영향을 미친 곳이 증권 시장과 돈의 흐름이다. 2월부터 증시가 하락하기 시작하면서 2300하던 코스피 지수가 1400으로 폭락했다. 급기야 3월 19일 신용거래 여부를 조절한 후, 주가는 최대치로 하락했다. 일부 주식은 30% 하한가를 기록했고, 우량주 조차도 빠졌고, 관련 산업인 항공업계와 여행업계 주식의 대폭락이 있었다. 그러나 다음날부터 빠졌던 주가는 다시 올라오기 시작했다. 증시는 하락이 있으면 반드시 반등이 있다는 정설이 있다. 그 반등곡선은 V자형을 그리다가 N자형 곡선으로 다시 조정시기를 거친다.

[표3-1-1 일반적인 증시 하락에 나타나는 N자형 하락]

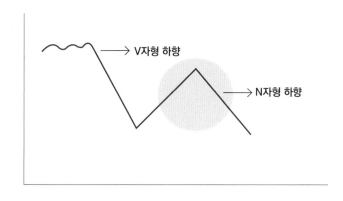

3월 19일 하락 후 반등곡선 N자형 아닌, 새로운 반등곡선 창출

그런데 지난해 코로나19 사태 이후 반등 곡선은 N자형이 아니었다. 하락하면서 조정기를 조금 거친 후 다시 상승하는 새로운 곡선을 창출했다. 그 배경에 50조를 투자하는 동학개미 세력이 있었다. 4차 산업혁명 시대에 5G와 앱 플랫폼이라는 거래방식이 코로나로 인한 비대면 환경과 만나 일반인들의 증권시장 진입을 촉진했다. 증시 정보와 거래 수단의 대중화에 코로나로 인한 사회불안이 겹치면서 투자 대안으로서 주식 거래를 선택하게 한 것이다.

[표3-1-2 일반적인 증시 하락에 나타나는 N자형 반등과 새로운 반등곡선]

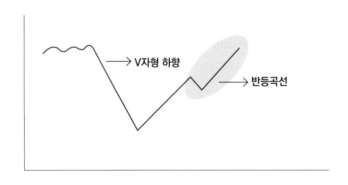

코로나19로 인한 비대면 활성화 계기,
정보 대중화와 앱거래로 증시인구 150% 급증

그 결과, 증권 통장이 1,000만개 이상 개설되고, 주식 인구는 150% 상승했다. 주식 시장에 개인 투자자 자금이 50조 이상 풀리면서 주식이 다시 반등하여 전보다 더 빠른 수익실현이 가능해졌다. 2020년은 한국 증시 사상 가장 많은 고객이 증권에 투자를 하고 주식시장을 이끌어 가는 주도 세력이 되었다. 전통적으로 기관이나 외인 세력 활동에 영향을 받던 한국 주식시장이 개인 투자자들에 의해 새로운 형태의 상승 패턴을 도출했다. 결국 코로나19, 사회불안, 4차산업과 첨단기술, 증시정보의 대중화가 이끌어낸 현상이며, 증시 역사상 최대로 증시 인구와 시장 규모가 확장되었다.

코로나19 사태로 쑥대밭이 된 증시 안정시키기 위해
잠정적으로 공매도 금지

특히 코로나19 이후 정부에서 공매도를 한시적으로 금지했다. 원래 공매도는 증권 시장에 자금 유입을 늘리기 위해 기관이나 외인들이 주로 하는 공매도를 허락한 것이다. 그런데 지난해는 코로나19로 인해 증시가 쑥대밭이 되었기 때문에, 공매도를 허락하면 시장이 극심하게 교란될 것을 우려해 한시적으로 금지시킨 것이다. 미국과 일본과 같은 선진국 증시도 지난해 공매도를 금지했다.

트렌드 02
2021년 8월 하반기 한국 증시 하락장 대비 팁과 카카오뱅크 상장 의미

2021년 8월 10일 경 결국 올 것이 오고야 말았다. 상승가도를 달리면서 무너지지 않을 것 같았던 한국 증시가 8월 초 내리막길을 걸었다. 게다가 8월 18일 오후장까지 코스피는 8거래일 동안 연속 하락했다. 그 이유는 달러화 강세로 인해 한국 시장의 자금 유출과 미국 시장과 비동조화를 이루어 한국 증시에 영향을 미치고 있기 때문이었다. 미국의 조기 테이퍼링 축소 및 한국 반도체 업황 부진 전망으로 외국인 투자자의 셀코리아가 심화되는 가운데, 환율이 11개월 중 최고가를 기록했다.

외인 한국 증시 3.7조 매도하며 삼성전자 주식 하락,
영끌 투매 조짐 보이기도

　2021년 8월 13일 삼성전자 주가가 연중 최저가로 하락하며 77,000천원 종가를 기록했다. 하락의 배경은 D램 가격의 하락과 3/4분기 경기둔화에 대한 영향으로 외인들이 대거 매도를 했기 때문이다. 3일 동안 외인들이 3.7조원을 매도했다. 앞으로 삼성전자가 7만원대로 하락하면 국내 투자자들의 투매 현상이 일어날 것으로 전망된다. 지난해 주식 시장에 진입한 개인투자자들은 삼성전자를 우량주라고 생각하는 동시에 우량주는 결국 상승할 것이라고 기대하며 계속 쓸어 담았다. 그러나 이들 중 빚내서 투자한 사람들은 삼성전자주가 7만원대로 하락하면 투매를 할 수 밖에 없다. 문제는 개인 투자자들의 경우 삼성전자 주식을 8만원, 9만원대에 매수를 했기 때문에 손실율이 20-30%에 육박한다는 점이다.

　더 큰 문제는 삼성전자 주가 하락의 배경에 몇 조 자금을 보유한 외인 세력이 하반기 경제지표 하락 뉴스와 함께 대거 물량털기를 하면서 한국 증시를 교란시키고 있다는 점이다. 이들은 삼성전자 주식을 1만원대에 매수했기 때문에 언제 매도해도 수익을 보게 된다. 그러나 8만원 이상의 가격대에 삼성전자를 매수한 개인 투자자들은 10만까지 갈 것이라고 기대하고 주식을 매수했기 때문에 20-30%의 손실에 망연자실할 수 밖에 없다. 게다가 지난해 주식 시장에 들

어온 영끌의 70%는 대출을 받아 증시에 들어왔기 때문에 오래 기다릴 수 있는 여력이 없다. 이에 연말까지 하락장으로 이어질 주식 시장에 대응하는 팁 3가지를 제시한다.

2021년 8월 이후
하락장에 손실을 만회하는 팁 3가지

먼저 손실을 인정하고, 분할해서 손절하면서 오를 종목을 매수해서 손실을 회복해야 한다. 두 번째 방법은 자금 여력이 있다면, 삼성전자 주식이 7만원대 갈 때 다시 매수를 해서 평균단가를 낮추고, 외인들이 다시 매수하는 숏커버링Short Covering 시기를 기다렸다가 매도하는 방법이다. 반등구간에 들어가서 매도를 하여 수익을 보면서 손실 폭을 줄이는 방법이다. 세 번째 방법은 즉시 전량 손절하고 남아있는 투자금으로 향후 상승할 종목으로 갈아타는 것이다. 손실을 봤다면, 자신의 여건을 파악한 후 손실을 만회할 수 있는 가능한 방법을 실천해야 한다. 필자도 상승종목이라고 매수를 했지만, 때로는 기대에 미치지 못하고 하락하는 주식도 있다. 이 경우 10% 이하로 하락하면 손절을 한다. 2021년 8월 기준으로 보면, 매수한 종목의 20-30%는 기대에 미치지 못해서 손절하는 경우가 있다.

주식, 두둑한 배짱 가지고 게임하듯 하는 사람이
돈 버는 시장이다!

　증권을 계속할 생각이라면 손실을 줄이고, 다시 자본금을 증식할 수 있는 방법을 선택해야 한다. 하락장에 대비하는 방법으로 2020년 필자가 선택한 사례를 소개하려고 한다. 잘 아시겠지만, 2020년 2월 초 시작된 코로나19 사태로 인해 3월 19일 한국 증시는 폭락했다. 이 때 개인투자자와 기관들이 잃어버린 돈이 무려 5조원에 달했다. 이 때 필자도 하락장에서 투자금 3억 중 1억이 남았었다. 증권을 시작한 후 2020년 봄 같은 하락장은 처음 겪었다.

　이 때 필자는 어떠한 경우에도 증시를 떠날 생각이 없었기 때문에 나름의 방법을 찾았다. 한국 경제가 계속되는 한 증시는 결국 상승할 것이라고 생각했다. 그래서 주변 지인들로부터 돈을 빌리고 빚도 내서 2억의 자금을 남은 자금 1억과 함께 하락한 주식을 매수하기 시작했다. 이 때 필자는 매일 사고 팔면서 매매를 했다. 이 때 오전 9시부터 9시 30분까지 하루 거래량이 많은 종목을 사서 수익을 봤다. 3월 20일부터 시작한 사고팔기는 몇 달 동안 계속 이어졌다. 필자가 매수한 3억의 주식은 6월이 되면서 2배 이상 상승이 이어졌다. 시기별로 상승한 종목과 총보유금을 표로 정리했다.

　이 때 필자는 새로운 사실을 하나 알게 되었다. 주식을 사서 이익을 남기는 사람은 주식 분석을 잘 하는 사람이 아니라, 타고난 감각

[표3-2-1 2020년 3월 20일-9월 14일 보유 주식과 투자금 상승기간]

주식매매시기	주식투자 보유금	보유한 주식
3월 20일	3억	
6월 19일 – 6월 22일	6월 19일: 6억 2천	아이크래프트, 아이씨케이, 대정화금, 모두투어, IHQ, 체리부로
7월 01일 – 7월 10일	7월 1일: 7억 2천	한화생명, 아이씨케이, SG&G, 영화테크, 만도, 티에이치엔, SPC삼립
	7월 3일: 7억 5천 7백	
8월 10일 – 8월 15일	8월 13일: 8억 3천	솔브레인, 나노캠텍, 우리기술투자, 한국파마, 신풍제약, 케이엠더블유, 대웅제약, 오이솔루션
8월 28일 – 9월 10일	9월 1일 ; 8억 8천	신일제약, 태림포장, 한올바이오파마, 효성, 영진약품, 서울반도체, 디피씨, 대한항공, 국제약품, HDC, 후성
9월 08일 – 9월 15일	9월 10일: 9억 4천	대한약품, 한화우, 한화솔루션, 휴켐스, 초록뱀, 엠투엔, 진원생명과학, 필로시스헬스케어
	9월 14일: 10억	

으로 하락할 때 들어가서 때리는 사람이다. 이 말은 주식 등락의 패턴을 잘 읽고 방향을 파악하는 감이 있어야 한다는 뜻이다. 물론 이때 두둑한 배짱도 있어야 한다. 지난해 하락장에서 주식해서 돈을 많이 번 사람들을 알고 있다. 하락장에 수익을 본 투자자들에게 보이는 특징이 있다. 그들은 '게임처럼 주식을 한다'는 점을 지난해 하락장 이후 주식 부자들의 투자방식을 보면서 다시 한 번 확인했다.

2021년 8월
카카오뱅크와 크래프톤 상장의 휴유증과 의미

    2019년 출범 때부터 화제의 초점이었던 온라인은행 카카오뱅크가 58조원의 청약금이 모인 가운데 카뱅 공모가 39,000원으로 마감했다. 상장 3일째인 8월 12일 현재 주가는 6.3% 오른 수준이다. 이런 반면 베틀 그란운드 게임사 크래프톤은 청약금 5조 3천억이 모인 가운데 공모가 49만 8천원을 기록했다. 크래프톤의 주가는 현재 -6.3%를 기록하고 있다. 이날 두 회사의 상반된 상장 성과를 보고 업계는 물론 여기저기 말이 많다.

    무엇보다 크래프톤 청약율이 저조한 이유는 온라인 게임 하나밖에 없는 연매출 1조 5천원인 크래프톤의 공모가 주가가 매출에 비해 너무 고평가되어 있다는 점이다. 또한 온라인게임이 혁신적인 비즈니스가 될 수 있는 업종이 아니라는 점이다. 그런 만큼 크래프톤은 상장 후 주가가 올라간다는 정설을 깨고 지난 3일 동안 주가가 6.3% 하락했다. 크래프톤은 우리 사주 신청도 5억을 할 수 있었지만, 직원들은 높은 주가때문인지 1억원어치 만큼만 청약을 했다. 직원들도 기업 가치를 아는 만큼 주가가 지나치게 높기 때문에 별로 수익이 없을 것이라 생각한 결과이다.

    이에 비해 카카오뱅크는 연매출 8천억에 불과한 기업인데, 공모

결과 시가총액이 36조를 기록했다. 이는 연매출 20조를 기록하는 시중 은행 KB금융, 신한지주, 우리지주 등의 시가총액 20조에 비해 지나치게 거품이 많다는 의견이 지배적이다. 그러나 일반 투자자들은 돈을 벌 수 있다고 판단해서 58조를 공모했고, 39,000원하는 주식이 79,000원까지 갔다. 투자자 입장에서 보면 공모가가 높으면 주가가 올라가기 때문에, 돈을 벌 수 있다고 생각해서 너도나도 공모주를 신청한 것이다. 카카오뱅크의 경우 일단 현재는 39,000원하는 주가가 79,000원까지 2배 가량 상승했지만, 실적을 기반으로 주가가 등락한다는 점을 고려하면 50,000원대까지 하락할 수 있다.

이처럼 인기있는 산업 관련 주식이나 기대주라고 하더라도 하락할 수 있다. 왜냐하면 주식은 기업의 규모와 경영성적이 반영되는 과학적인 산물이기 때문이다. 상장 주식은 반드시 상승해서 돈을 벌수 있다는 생각은 금물이다. 주가는 기업의 자산규모와 경영성과가 반영되는 성과물이다.

트렌드 03
셧다운 영향, 제조공장 가동중단으로 유가하락, 신재생에너지 시대

코로나19 사태가 만든 파급효과는 정치, 경제, 사회 모든 측면에서 나타났다. 무엇보다 코로나19는 한국은 물론 전세계적으로 인적 교류를 정지시켰다. 그로 인해 인적 이동에 의해 파생되는 모든 산업군에서 활동하는 기업들의 비즈니스가 격감했다.

인구이동 제한으로 관련 산업인 항공업, 여행업, 숙박업, 요식업 사업장 폐쇄 및 부도

대표적인 사례가 항공업, 여행업, 숙박업, 요식업 등에서 활동하는 기업들의 비즈니스 격감으로 인한 부도위기와 사업장 폐쇄조치다. 그러나 다행히도 인적 교류는 중지되었으나, 사람의 생활에 필요한 재화를 생산하는 물적 교류는 활발히 진행되었다. 이 때문에 재료와 제품을 이동시키는 화물 물류는 오히려 확장되어 물자이동이 더 많아졌다. 이 같은 요인으로 인해 코로나19 사태 이후 여행과 운송사업의 급격한 하락과 이로 인한 유가하락이 이어졌다. 그러나 물류 운송업, 선박업, 항공 및 화물 물류, 그리고 수출입업은 더욱 성장했다.

실물경제 중단으로 경제성장률 하락, 글로벌 공급체인 붕괴하고 제조업과 상거래 좌초

그러자 2020년 상반기 이후 세계 실물경제가 중단되고, 한편으로 경기 침체기도 계속되고 있다. 사람간 이동이나 접촉이 금지되면서, 제조업이나 상거래도 일시적으로 중단되었다. 이로 인해 정부는 재난기금과 같은 재정확대 정책을 펼치는 가운데, 국가 부채가 늘어나기 시작했다. 그 결과, 한국의 경제성장률은 다른 선진국과 유사하게 2%대로 하락했다. 이 와중에 정부의 최저임금 인상과 근로시간 단축, 그리고 노동 유연성 하락 등으로 경쟁력을 잃은 기업은 폐업을 앞둘 만큼 사면초과에 처했다. 특히 한국은 2020년 하반기부터 퍼펙트 스톰 현상이 나타나는 가운데, 글로벌 분업률 54%로 세계 최고 수준이던 공급체인이 와해되어 제조업도 위기에 봉착했다. 이러한 상황에서 이전에 중국 중심의 글로벌 밸류체인이 탈중국화하는 가운데, 밸류체인의 다변화와 로컬 밸류체인의 회복이 이뤄졌다.

코로나19로 전세계적인 셧다운,
인구이동 93% 감소와 공장폐쇄로 유가 하락

지난해 가을 이후 코로나19의 2차 유행기에 미국은 113대선을 앞두고 사회적 거리두기를 실시했다. 코로나19로 인한 전세계적인 이동격감으로 인구 이동은 93% 감소되었다. 이에 항공기와 선박, 자동차 이용의 격감으로 유류 소비도 감소했다. 또한 중국 공장 운영중단으로 석탄과 석유소비량이 30% 절감되면서, 유가가 하락했다. 이처럼 유류에 대한 수요가 전세계적으로 감소하면서 유가 20달러 시대가 종말을 고하고, 11달러대로 하락했다. 특히 중국 공장 셧다운으로 세계 석유 80% 수요처인 중국의 소비 감소로 유가가 폭락했다.

탄소중립 목표로 그린뉴딜정책 실시,
관련 업종에서 R&D와 사업하여 성장 주도

한편 2019년 EU 집행위원회는 '2050년 탄소중립'을 목표로 에너지, 산업 및 순환경제, 건축, 수송, 친환경 농식품, 생물다양성 관련 정책으로 이뤄진 유럽 그린딜을 발표했다. 유럽 그린딜은 '2050년 탄소중립'이라는 목표를 제시하는 가운데, 기존에 추진되던 기후

변화 정책과 환경정책을 보완·확대한 것이다. 이와 동시에 녹색전환 과정에서 소외되는 지역이나 사회 구성원에 대한 지원을 강조하는 한편 국제사회 차원에서 기후위기에 대응하기 위해 EU가 수행해야 할 외교, 무역, 개발협력 분야의 역할을 명확히 설정했다.

이에 한국 정부도 2020년 7월 디지털 뉴딜, 안전망 강화와 함께 그린뉴딜을 핵심축으로 하는 한국판 뉴딜정책을 발표하였다. 한국 그린뉴딜은 코로나19로 인한 고용위기 및 경기침체에 대응하기 위한 경제 정책으로 제시되었다. 그 일환으로 일자리 창출과 친환경 경제로의 전환을 함께 추구하는 복합적인 정책 목표를 가지고 인프라 녹색전환, 친환경 에너지 확산, 녹색산업 육성 등의 정책을 제시하고 있다.

이러한 그린뉴딜정책의 실행은 건축업, 에너지산업, 소재산업, 자동차산업, 가전산업, 금융산업 등 산업 전반에 영향을 미친다. 이에 관련한 업종의 R&D와 건축 현장에서 에너지 절감 관련 기술이 적용되고, 이에 필요한 투자도 집중적으로 이뤄지고 있다. 관련한 섹터의 기업들이 대장주를 중심으로 몇 개 기업에 투자가 이뤄지면서 주가도 상승하고 있다.

유럽 저탄소에너지원인 원전 강화,
한국 태양광 사업 추진에 사전 분석 필요

특히 에너지산업에서 영국을 비롯한 유럽 기업은 탄소절감 차원에서 원전을 강화하는 추세다. 세계 최고의 원전관리 기술력을 보유한 한국은 저탄소 에너지를 생산하기 위해 태양광사업을 전국 지방자치단체가 나서서 적극적으로 실시하고 있다. 이와 관련한 이해득실을 논하기 전에 사전에 정확한 분석을 하는 가운데, 국가 정책을 실행해야 될 것이다. 전국의 태양광 사업지가 산림과 수변에서 진행되기 때문에 수십 년 가꾼 숲이 파헤쳐지고, 지역민들의 삶의 터전인 강물이나 호수 등의 수자원이 오염되는 문제가 발생하기 때문이다.

트렌드 04
4차산업혁명 기술시대 열려,
자율주행, 수소에너지, 2차전지 시장 조기 만개

4차산업혁명 시대의 대표적인 성과는 자율주행이라고 할 수 있다. 2027년 이후 도로를 달리는 차량은 자율주행 컴퓨팅 기술과 정밀 측정용 영상카메라, 4차원 영상 레이다가 내장된 자율주행차가 주변 자동차와 도로에 매입된 교통신호망과 통신하면서 자율적으로 달리게 된다. 이때가 되면 미국자동차공학회가 구분한 자율주행 5단계 중 레벨 4에 도달, 자동차가 운전자에게 제어권을 넘기는 일 없이 운행하는 본격적인 자율주행 단계가 된다.

한국 정부는 레벨4 이상 자율주행차의 상용화를 위해 2021년 1월에 2027년까지 '자율주행기술개발혁신사업'을 추진한다고 발표했다. 이 사업을 총괄하기 위해 관련 4개 부처로 구성되는 자율주행 기술개발혁신사업단도 출범했다. 혁신사업은 2027년까지 융합형 레벨 4+ 자율주행 상용화 기반 조성을 위해, 레벨 4 수준 자율주행 외에도 인프라와 사회 서비스를 포함한 연구개발을 진행한다. 이를 위해 차량융합 신기술과 정보통신기술ICT 융합 신기술, 도로교통융합 신기술, 서비스 창출, 생태계 구축 등 5개 분야 84개 세부과제를 지원한다.

관련 업계에 따르면, 한국의 자율주행차 시장 규모는 2025년 3조 6,193억 원에서 2035년 26조1,794억 원으로 상향될 것으로 전망된다. 대부분의 자율주행 관련 기업은 2025년을 자율주행 상용화의 원년으로 보고 있다. 하드웨어, 소프트웨어, 신규 서비스 기반 기술력을 가진 국내외 완성차 기업, IT 기업, 스타트업 등 3개 섹터가 자율주행차 상용화를 목표로 기술개발 연구를 진행하고 있다. 현재 미국이 자율주행차 기술면에서 세계 최고 수준의 원천기술을 보유하고 있다. 이에 비해 한국의 수준은 2019년 기준 세계 최고 기술국 대비 82.4%라고 관련 업계는 분석하고 있다.

자율주행에 대표적인 종목은 만도, 인포뱅크, 대성엘텍, 남성 등이다. 만도는 최근 실시간 3D 개발 플랫폼 중심기업 유니티와 'VR 기반 자율주행 개발 환경 구축' 업무 협약을 체결한 바 있다. 인포뱅크의 경우 애플과 '카플레이' 솔루션을 개발하는 한편, 구글과 '안드

로이드오토' 솔루션을 개발하고 있다. 또한 대성엘텍은 현대차와 자율주행 관련하여 주목받는 협력사업을 수행하는 가운데, 자율주행 이슈가 있을 때마다 주가가 움직이고 있다.

수소연료전지와 자율주행시스템이 결합되는 수소차 산업은 한국의 신성장동력

한국은 물론 미국과 유럽의 산업 선진국들은 수소경제시대를 선언하고 수소산업 육성에 사활을 걸고 있다. 태양광, 풍력 등 재생에너지 보급 확산과 함께 수소차는 대한민국 에너지전환 정책의 핵심이다. 수소에너지는 한국의 그린 뉴딜의 중심축이기 때문에, 향후 에너지산업은 물론 우리나라 경제에 대단한 영향력을 미치게 될 것이다.

수소 에너지의 핵심인 수소연료전지는 가장 주목 받고 있는 새로운 에너지원이다. 재생에너지 못지않게 이미 관련 기업에서 많은 투자를 하며 기술개발을 하는 가운데, 성과를 내고 있다. 특히 수소연료전지는 발전산업은 물론, 수소차의 동력원으로써 효율성 제고 및 생산단가 감축 위한 기술개발이 사업의 핵심이다. 수소차의 구성은 수소연료전지와 자율주행 전기차의 기술 융복합 시스템의 결합으로 이뤄진다.

수소연료전지 전기차의 핵심 구성요소는 전기차 구조에 배터리 대신 연료전지를 장착하는 한편, 여기에 자율주행시스템이 더해진 것이다. 수소차, 드론, 산업용 중형발전설비 등에 K-수소연료전지가 적용되는데, 이들이 한국 연료전지산업의 핵심 사업분야이다. 현재 관련 기업들이 국내외 기업과 협력하며 사업을 전개하고 있다. 수소연료전지산업은 관련 기술의 발전과 제품개발을 통해 향후 한국을 대표하는 신성장동력이 될 것이다.

수소에너지 시장과 관련되는 종목은 한화솔루션, 한국가스공사, POSCO, 한화 등이다. 이중 한화솔루션이 가장 주목을 받는 종목으로 거듭나고 있다. 워낙 수소 관련 분야에서 인지도가 높고 차지하고 있는 비중이 크기 때문이다.

현대제철 수소공장 생산능력 확장, 향후 연간 3만 7200톤 규모 수소 생산

한편 수소연료전지산업의 핵심이 되는 수소 생산을 위해 현대제철은 수소공장 생산능력을 대폭 확장했다. 제철소에서 발생하는 부생가스COG로부터 수소전기차용 수소를 연 3,500톤 규모로 생산하고 현대제철은 2025년 경 연산 3만7,200톤 규모로 10배 이상 늘려나갈 계획이다. 그 일환으로 한국가스공사 등 관련 업계와 협력하여 수소충전소 사업에도 진출한다. 이와 함께 향후 전로 부생가스 LDG를 통한 수소전기차용 수소 생산 및 연료전지 발전사업도 수행한다. 이러한 차세대 사업의 성과에 따라 현대제철은 물론 관련 기

업의 매출 상승에 따라 주가 상승의 호재로 작용할 것으로 전망된
다.

수소경제 관련,
기존 현대차 파트너사 핵심부품 생산해 마켓리더십 확보

이외에 국내 기업 중 수소경제와 관련해 주요 부품을 생산하는 기
업들도 투자와 생산활동을 활발하게 추진하고 있다. 배기시스템 국
내 시장 점유율 1위 기업인 세종공업은 수소전기차 핵심부품을 제
공하는 가운데, 2020년 자회사 세종이브이를 설립하여 수소연료전
기차 핵심부품 스택용 금속분리판을 생산하고 있다. 이외에 동아퓨
얼셀은 5kW급 고온 고분자 전해질 연료전지시스템을 개발하는 가운
데, 수소전지 업체로 도약하고 있다. 이처럼 수소경제 관련하여 많
은 기업들이 R&D를 통해 기술을 개발하고 이미 제품을 생산하며
성장을 구가하고 있다. 향후 국내외 기업이 사업적 활성화를 위해
관련 기업과 협력을 하면, 한국이 수소경제 시대의 기초가 되는 수
소전지산업에서 글로벌 허브가 될 수 있을 것이다.

차세대 성장동력 2차전지사업의 경쟁력과
분야별 기업의 사업 영역

이와 함께 4차산업 혁명 시대의 차세대 성장동력 산업으로 선정

된 2차전지 산업은 휴대폰, 노트북 컴퓨터, PDA 등 모바일 기기 산업은 물론 전기차 사업의 성장과 더불어 크게 발전할 것으로 기대된다. 최근 모바일 기기 시장이 급성장하면서, 해당 기기 제조업체들이 2차전지의 고용량화, 경량화, 수명의 연장, 저가격화 등을 요구하고 있다. 이에 고객사의 요구를 만족시킬 수 있는 기술개발을 통해 신제품을 출시하고 있다.

2차전지의 핵심 부품과 소재는 양극제, 음극제, 분리막, 전해질 등이다. 이들 핵심부품과 소재를 산요와 소니 등 일본 업체가 독점하고 있다. 이런 가운데, 리튬이온전지와 리튬폴리머전지를 중심으로 국내 삼성 SDI와 LG화학, SK이노베이션 등이 성공적으로 시장에 진입하여 이들 업체와 경쟁하고 있다. 앞으로 2차전지 시장에서 한국 기업이 일본의 앞선 기술력과 중국의 가격 경쟁력에 맞서기 위해서는 원천기술을 확보하는 가운데, 취약한 소재, 부품, 장비 업체, 즉 소·부·장의 경쟁력을 제고해야 한다. 현재 2차 전지사업에서 한국은 소형 배터리는 10년 동안 1위를 유지하고 있으며, 중대형 배터리도 글로벌 마켓에서 1, 2위 업체와 경쟁하고 있다. 코로나19 상황에서도 꾸준한 투자로 생산능력을 확대하여, 수출도 5년 연속 증가했다.

2차전지 산업의 급격한 성장이 전망되는 가운데, 앞으로의 10년이 글로벌 2차전지 시장에서 경쟁력을 결정짓는 중요한 시점이다. 그런 가운데 정부는 배터리 사업에서 민관의 역량을 결집하는 종합

전략을 마련한다. 그 일환으로 전지 3사와 소·부·장 기업들이 2030년까지 40조원 이상을 투자하고, 정부도 R&D·세제·금융 지원을 통해, 한국을 글로벌 2차전지 R&D 허브와 선도 제조기지 핵심 소·부·장 공급기지로 구축한다. 이를 위해 정부도 최고 기술 확보를 위해 차세대 배터리 개발, 리튬이온배터리 고도화를 위한 R&D 지원을 강화한다.

한편 한국의 2차전지의 대장주는 삼성SDI, LG화학, 포스코, SK이노베이션 등이다. 삼성SDI는 소형, 자동차용 2차전지를 생산, 판매하고 있다. LG화학은 리튬이온과 장비 등의 핵심사업을 수행하고 있다. 포스코는 수산화 리튬 생산라인을 가동하고 있고, SK이노베이션은 리튬이온 배터리를 생산하고 있다.

이와 함께 로켓 배터리를 판매하고 있는 세방전지와 더불어 KG케미칼, 에이프로, 에코프로, 알앤에프 등 다양한 기업이 2차전지 사업을 수행하고 있다. 세방전지는 축전기를 제조해 판매하고 있다. 양극제 시장에서는 KG케미칼이 양극활물질 원료인 고순도황산니켈을 생산하는 KG에너켐 지분을 인수해 핵심소재 사업을 하고 있다. 또한 에코프로는 양극활물질 등 2차전지 사업을 분할하는 가운데, 자회사 에코프로비엠을 설립해 글로벌 2위 경쟁력을 유지하고 있다. 알앤에프도 양극활물질을 생산하며 사업을 수행하며, 동국알앤에스도 양극제 소성용 내화갑을 개발, 생산하고 있다. 이외에도 양극제 시장에서는 코스모화학, 이아이디, 이앤드디 등의 기업이 비즈니스를 수행하고 있다.

음극제 시장에서는 대주전자재료, 골드앤에스, 애경유화, 에이에프더불유, 엠케이전자, 일진머티리얼즈, 포스코케미칼, 피앤티 등이 사업을 수행하며 글로벌경쟁력을 유지하고 있다. 분리막 시장에서는 SK아이이테크놀러지, 명성티엔에스, 웰크론한텍, 휴에스티, 피앤티, 황금에스티 등이 활동하고 있다. 또한 전해액 시장에서는 동화기업, 더블유에프엠, 스카이이앤엠, 상아프론테크, 천보, 켐트로스, 후성 등이 활동하고 있다.

트렌드 05
코로나19 백신 개발과 제약 주 국내외 투자 활성화, 주가 수 십 배 상승

2020년 봄 전세계로 확산한 코로나19가 지구촌 경제와 각 산업에 미친 파급력은 엄청나다. 무엇보다 코로나19 백신과 치료제 개발을 위해 선진국 중심으로 국가와 기업이 함께 투자를 하며 개발 활동을 했다. 그 일환으로 2020년 5월 전세계 연구소와 기업 100여개가 백신 개발프로젝트를 진행했다. 세계 백신시장은 화이자와 GSK, 사노피, MSD가 시장의 80% 이상을 점유하고 있다. 2019년 이들 기업의 백신 수익은 회사 전체 수익의 13~21%를 차지할 만큼 비중이 높기 때문에, 백신 개발을 위한 R&D 등에 적극적으로 투자했다.

세계 백신시장의 글로벌 리더,

화이자 백신 판매로 매출 급상승 및 주가 상승

코로나19 펜데믹이 시작된 이후 이들 4개 회사를 중심으로 백신 개발이 시작되었다. 그러나 2021년 봄 코로나19 백신 임상 2상 시험을 통과해 조건부 허가 판매라도 받은 회사는 화이자 뿐이다. 그 결과, 화이자의 코로나19 백신의 1분기 매출은 약 35억달러를 기록했다. 화이자는 올해 코로나19 백신을 통해 최대 260억달러의 매출이 예상된다고 밝혔다. 이는 2021년 4월 중순까지 체결된 백신 계약을 기반으로 2021년 약 16억 도즈의 백신이 공급될 것으로 예측해 추산된 금액이다. 또한 2021년 코로나19 백신 생산이 약 25억 도즈에 달할 것으로 전망되는 화이자는 생산역량 확장을 통해 2022년에 최소 30억 도즈를 생산할 전망이다. 이 같은 화이자의 백신개발과 매출 확장에 힘입어 주가 상승률은 200% 이상이다.

GSK, 사노피, MSD도 백신개발 재도전, 임상 2, 3상 진행 중

한편 GSK, 사노피, MSD는 임상 2상 시험도 성공하지 못했다. 사노피와 GSK의 경우, 2020년 4월 먼저 공동 개발 중인 면역증강제 기술을 활용한 재조합 단백질 기반 코로나19 백신 개발을 시작했다. 그러나 1,2상 연구에서 백신 후보물질이 50세 이상 연령층에서 충분한 면역 효과를 내지 못한다는 결과를 얻고 2020년 말 백신

개발을 중단했다. MSD는 2021년 1월 초기 임상 시험 결과, 접종 후 면역반응이 타사의 백신에 비해 떨어지는 것으로 확인했다. 이후 MSD는 코로나19 치료제 개발에 집중한다고 밝혔다.

[표3-5-1 글로벌 4개 백신 및 제약 기업 주가 상승 현황]

기업 기간	화이자	MSD	GSK	사노피
2020년(3월)	26.71달러	5.67달러	30달러	35.74달러
2021년(6월)	40.72달러	9.31달러	41.4달러	54.2달러
상승률	52.45%	64.20%	38%	51.65%

한국의 백신 4대기업 백신 개발하며,

주가 평균 30-60% 상승

　한국 기업도 코로나19 백신 개발을 위해 연구개발 활동을 하고 있다. 2021년 하반기 3상 임상시험 착수를 목표로 국내 5개 기업이 코로나19 백신 임상시험에 진입했다. 코로나19 백신 임상실험을 하고 있는 기업은 SK바이오사이언스, 유바이오로직스, 셀리드, 제넥신, 진원생명과학 등이다. 이들 기업은 최근 주가가 상한가를 기록하며 평균 30% 이상 상승하면서 충분한 R&D 자금도 확보했다.

　이들 코로나19 백신 개발 관련주 중 가장 기억에 남는 백신센터

[표3-5-2 한국의 5대 백신개발 기업의 2020년 1월 현재 추가 상승 현황]

기업	SK바이오사이언스	유바이오로직스	셀리드	제넥신	진원생명과학
2021년 5월 주가	152,000	47,500	86,700	101,100	22,900
상승분 (기준 2020년 1월)	30%	30%	50%	30%	60%

는 국산 mRNA 셀리드, 이연제약, 아이진, 서린바이오 등이다. 러시아 백신으로는 스푸트니크V의 관련주인 휴온스글로벌, 이수앱지스, 바이넥스, 이아이디, 이화전기, 이트론 등이 있다. 이들 종목은 코로나19가 주식시장에서도 핵심 테마주로서 매매를 했다. 그러나 아직까지 코로나19 백신 개발에 성공적인 모습을 보인 한국 기업은 없으며, K-바이오 기업 중 기대주는 삼성바이오로직스가 1순위로 큰 기대를 받고 있다.

트렌드 06
비대면 시대에 이커머스, 물류 배송,
안전정보인증, 온라인교육 시장 급성장

    20세기 후반부터 논의되던 4차산업혁명 관련 첨단기술들이 개발되어 21세기 초반부터 관련 기술이 적용된 신제품이 나오기 시작했다. 5G를 기반으로 가능해진 디지털 거래와 온라인 업무환경을 코로나19를 기점으로 기업에서 채택하면서 실험기간을 거치고 있다. 코로나19 사태가 이제는 일상화되어 가면서, 디지털 업무환경에 익숙해짐으로써 업무의 효율성과 경제성의 문제점을 보완하는 단계에 이르렀다. 그런 가운데 이제는 화상회의, 재택근무, 온라인 거래, 앱 쇼핑, 앱결제 등 비대면 온라인 교류와 결제로 하는 업무와 일상이 표준으로 자리잡아 가고 있다.

이커머스 시장의 기폭제 쿠팡 2021년 1분기 74% 매출 성장,
창사 이래 최대 기록

　이러한 사회적 환경이 일상화되면서 관련 산업에서 활동하는 기업들이 폭발적으로 성장하고 있다. 기업이 성장하면 경영성과로 나타나고, 이는 증권 시장에서 관련 기업 종목에 대한 투자로 연결된다. 온라인 쇼핑 시장에서 돋보이는 기업은 쿠팡이다. 2018년 매출 1조원대로 지속적인 투자를 하면서 적자를 기록하던 쿠팡은 비대면 시기인 2021년 매출 11조원대를 기록하면서 나스닥에 상장했다. 기업가치 35조원대를 기록하며 애초 목표대로 나스닥에 입성한 쿠팡은 2020년 코로나19 사태 이후 최대 성과를 이뤄냈다.

　그 결과, 쿠팡은 2021년 5월 1분기에 전년 동기보다 74% 증가한 약 4조7348억원의 매출을 올리며, 2010년 창업 이래 최대 매출(1분기 기준)을 기록했다. 2020년 코로나 사태 이후 온라인과 앱거래가 대세를 이루면서 이룬 성과다. 특히 쿠팡의 급성장은 창업 이래 지속적인 물류 인프라에 대한 투자와 정규직 직원 고용, 운영방식의 혁신에 기인한다. 그리고 로켓배송과 신선식품 오전 배송과 같은 고객 세분화에 의한 첨단 물류 시스템을 지속적으로 개발해 운용한 성과다. 지난 1년 동안 이커머스 시장에서 최대 성장률을 기록한 쿠팡의 실적은 비대면 및 고객세분화 맞춤형 서비스가 가져올 수 있는 경영성과를 나타낸 것으로 볼 수 있다.

비대면과 이커머스 성장으로
국내 물류산업의 정보화와 급성장 성과 도출

이커머스 시장의 급성장으로 인하여 부수적으로 확장된 산업이 물류이다. 이커머스의 특성상 물류가 고객들에게 상품을 전달하는 수단이 되기 때문이다. 2020년 비대면 경제가 만든 최대의 성과는 이커머스와 함께 택배산업이다. 국내 최대 물류기업인 대한통운을 비롯해 관련 기업들의 합병이 증가하고 매출도 급성장했다. 거래가 급증하면서, 택배 기업의 고객소통과 물류운용 방식도 스마트 방식으로 발전하면서 업종의 정보화 과제를 달성하게 되었다.

특히 쿠팡이 나스닥에 상장하면서 물류 배송 섹터의 관심도가 높아졌는데 대표적으로 KCTC, 동방, 유성티엔에스 등이다. KCTC는 수출입 화물의 항만하역과 육상과 해상운송, 중량화물 운송과 설치, 그리고 3자물류와 해외사업 등 다양한 분야의 물류 서비스를 제공하는 기업이다. 동방 또한 항만하역과 육상, 해상운송사업을 진행하는 동방그룹 계열사이다. 동방은 쿠팡의 매출이 상승하는 만큼, 물류 운송, 운반에서 큰 비중을 차지하고 있다.

제조업 자동화 및 물류 기업 경영효율화 측면에서
AI, VI 기술 활용한 로봇산업 활성화

한국의 제조업 기반은 29%로 세계 최고 수준이다. 4차 산업혁명 시대에 한국 기업들은 인건비 상승과 근무시간 단축 등으로 인해 경영효율화를 위한 제조시설의 자동화를 우선적으로 실시해 왔다. 국내 제조기업의 자동화가 AI, VI 등과 같은 로봇 관련 기술의 첨단화를 주도했다. 이와 함께 2020년 코로나19로 인한 아마존, 쿠팡과 같은 국내외 이커머스 시장의 확장으로 효율적인 물류 시스템 운영을 위해 물류 회사의 로봇 이용도가 엄청나게 증가했다. 이로 인해 AI와 VI 기술을 활용한 로봇산업이 활성화되었고, 관련 기술도 급격한 속도로 발전하는 가운데, 협업을 통해 혁신에 혁신을 거듭하고 있다. 그 결과, 로봇 관련 주식이 상승하였고, 로보티즈와 같은 기술력을 가진 기업들의 제품개발 후 매출이 발생하면서 지속적으로 성장하고 있다. 그러나 국내 로봇 관련 기술 인재들이 절대적으로 부족한 만큼 향후 인력양성 프로그램 실행이 필요하다.

이커머스와 앱거래 활성화로
정보인증 산업 급성장

이와 함께 코로나19로 인한 비대면 시대가 가져온 산업적 성과는 온라인 인증 시스템 발전이다. 온라인과 앱을 통한 인물 인증을 위해 인증산업의 시장이 확장되었다. 정보인증 분야에서 대표적인 기업이 한국정보인증인데, 지난해 매출 상승으로 주가도 약 50% 상승했다.

이러닝과 화상회의 활성화 및 대중화로
기술개발과 효율성 과제 극복

한편 비대면 시대가 만든 중요한 현상은 온라인 교육, 온라인 예배, 온라인 공연과 같은 분야의 온라인 영역의 확장이다. 한국 사람들의 일상적인 활동이자 업무 영역인 교육, 공연관람, 예배 영역에서 대면 활동이 금지되면서 비대면 접촉이 대안으로 등장했다. 이로 인해 온라인 게임, 교육, 클라우드, 화상회의, 업무 앱, 동영상 스트리밍, 콘텐츠 공급을 위한 창업이 봇물을 이루었고, 기술력있는 기업들은 시장에서 급성장했다. 그 결과, 지난 10년 동안 국내 시장에서 지속적으로 기술개발을 하며 발전한 이러닝 시장이 꽃을 피우고 있다.

투자전략 07
원격진료, 위생산업, 제약산업 등
바이오메디컬 산업 지속 성장주

4차산업혁명 시대의 첨단 기술과 고령화 시대의 건강한 삶의 질 과제가 결합되어 새롭게 부상한 성장산업이 의료산업이다. 또한 코로나19로 인한 비대면 시대에 건강한 삶의 질을 추구해야 한다는 사회적 욕구가 위생산업의 첨단화 및 활성화를 이끌었다.

원격진로 관련 기술이 발전하면서 비즈니스 실행, 산업화까지 시간 걸려

비대면 의료사업으로 각광받는 원격진료는 아직까지 산업화가 되지 못하는 한편, 예민한 사업 중 하나로 꼽히는 섹터이다. 최근 상장한 라이프시맨틱스는 원격의료를 영위하면서 소프트웨어까지 공급하는 회사이다. 이 기술력은 몇 년 사이 큰 폭으로 성장하였는데, 향후 비대면 시대에 있어 꼭 필요한 기술로 자리매김할 것으로 기대된다. 그런 만큼 필자도 매매를 지속하고 있는 종목 중 하나이다. 매출과 영업이익이 큰폭으로 상승한 KG ETS는 폐기물 관련주이다. 코로나19 백신 투여 시 필요한 주사기의 폐기처분 관련주로 엮이면서, 최근 주가가 큰 폭으로 상승했다. KG ETS는 향후 더 큰 성장성이 예견되는 종목 중 하나로 꼽힌다.

신약개발 위해 제약회사와 바이오 벤처에 큰 투자붐 일고,
신약개발 성과 얻어

2020년 봄 코로나19 사태로 바이오와 제약 산업이 괄목할만한 성장기를 맞고 있다. 백신 개발을 위해 관련 기술과 물질을 제공하는 바이오 벤처들에 대한 투자붐이 일었다. 그 결과, 풍부한 개발비용을 기반으로 R&D활동이 활성화되면서 큰 성과도 얻고 있다. 대표적인 사례가 우리들제약, 신풍제약, 대웅제약 등이다. 우리들제약 같은 경우 2020년 상반기에 주가가 무려 10배 이상 상승했다. 이외에도 신풍제약과 대웅제약도 R&D 활동으로 신약을 출시하며 주가가 2-3배 상승했다.

로봇과 소프트웨어 기술이 결합하여
원격진료 가능한 시대

이와 함께 4차산업혁명 시대에 없어질 업종의 하나가 의사 직종이다. 로봇이 수술을 하고, 로봇과 소프트웨어가 결합하여 원격 진료를 하는 시스템이 개발되면 굳이 병원에 가지 않고 컴퓨터나 앱을 통해 진료가 가능하다. 이 경우 통신과 스마트폰이 있다면, 의료사각지대 문제가 해결될 수 있다. 특히 의료 기술과 바이오 산업이 결합하여 진단기술의 정확도가 강화되어 질병을 사전에 예측, 예방 가능한 시대가 도래했다. 2020년 캐나다 회사 블루닷은 인공지능 알고리즘으로 코로나19 발병을 WHO보다 먼저 신속히 감지했다.

질병 치료는 기술과 지식보다,
의사의 인술과 헌신적인 서비스가 더 중요

그러나 병에 대한 지식만 가지고 질병이 치료되는 것은 아니다. 환자와 의료진이 질병을 제대로 이해하고 치료 방법을 찾아 정성을 다해 치료하려는 의지가 중요하다. 이는 기계나 지식이 해결할 수 있는 문제가 아니다. 질병을 고치려는 의사의 정성과 인술, 그리고 간호원들의 헌신적인 서비스도 필요하다. 다만 원격진료를 통해 사전에 질병을 예방할 수 있도록 진단을 통해 체질과 라이프스타일을 개선하는 수 있는 노력을 할 수 있다는 점이 중요하다. 그런 만큼 원격진료를 통해 질병에 대한 정보를 파악함과 동시에 환자들이 각자 자신에게 맞는 의료진을 찾아 정성 어린 서비스를 받는 것이 질병 치료의 핵심 과제이다.

트렌드 08
신기술 시대에 첨단 반도체, 혁신중화학공업,
배달신선푸드산업 등 광폭성장

21세기 4차산업혁명 시대에 들어서 업종간 협업을 통해 혁신적인 신기술이 개발되면서 새로운 제품이 출시되고, 신시장이 형성되고 있다. 21세기 혁신 시대에 2020년 발생한 코로나19 사태가 펜데믹으로 전환되면서 비대면과 온라인 거래가 활성화되는 가운데, 이와 관련한 산업의 비즈니스가 유례없는 속도로 성장을 구가하고 있다.

맞춤형 첨단반도체가 디바이스 차별화와 경쟁력 강화요인으로 작용

21세기의 파운드리 공정에 의해 첨단 전자제품에 필요한 지능형 첨단반도체가 출시되어 새로운 혁신제품과 시장을 만들어가고 있다. 이들 첨단반도체는 자동차, 스마트폰, 생활가전 등 전자제품에 장착되어 지능형 도구를 만들어 내는 가운데, 디바이스 회사들이 신제품 출시와 제품 차별화 전략을 펼치는 수단이 되고 있다. 또한 제조사들은 고난도 알고리즘의 첨단반도체를 자체 인력으로 설계하는 가운데, 설계자동화 프로그램으로 완성하며 원가절감 효과를 얻고 있다.

TSMC 2020년 영업이익 43.3% 달성, 전세계 반도체 기업 중 시가총액 1위 등극

2021년 현재 세계 1위 파운드리 업체인 TSMC는 연 매출 53조 원으로 영업이익 22조원을 초과하여, 무려 42.3%이 이익률을 달성하였다. 이는 동종기업 삼성의 2020년 72조 매출, 영업이익 20조원에 비교되는 기록이다. 그 결과, TSMC는 주가가 102% 상승하여 전세계 반도체 기업 중 시가총액 1위가 되었다. 한국의 삼성은 주가가 52% 상승했지만, 주가 총액으로 3위 수준이다. 반면, 매출과 영업이익 1위인 인텔이 두 회사 시가총액의 반도 안 되는 상황이다. 지난해보다 시가총액 10% 하향한 인텔과 두 반도체 기업의 실적을 비교하면, 투자자들은 단순 매출보다는 성장성과 수익성을 주목한다는 점을 알 수 있다.

향후 성장성은 투자 규모를 보면 전망 가능하다. TSMC는 올해

250~280억 달러, 30조원 이상 시설투자를 제시했다. 그 배경은 애플, 아마존, 구글 같은 빅테크 중심의 고객수요다.

빅테크 설계,
파운드리 제조의 '맞춤형 반도체 시대' 열어

21세기 맞춤형 반도체 시대에는 가장 투자를 많이 하는 기업이 시가총액도 높은 경향이 있다. 삼성은 향후 10년 동안 반도체에 100조원 투자를 선언했다. 이 같은 수치는 TSMC 투자 규모와 비교가 되지 않는다. 파운드리의 투자와 성과에 힘입어, '마이크로 칩의 밀도가 18개월~24개월 정도마다 2배로 늘어난다'라는 무어의 법칙은 이제 전설이 되었다. 그 결과, 20세기를 주도하던 첨단 IT기업들이 무대에서 사라지는 한편, 새로운 기업이 최고의 자리를 대체하는 시대가 되었다. 첨단 기술의 변혁기인 것이다. 수 십 년 동안 인텔이 주도한 표준 CPU 칩의 시대는 종말을 고했다.

21세기 초반의 맞춤형 반도체 시대에 파운드리의 역할과 시장이 급성장하자 인텔이 새로이 파운드리 시장에 진입했다. 2021년 9월 미국 인텔이 애리조나주에 200억달러를 투자하여 두 곳의 파운드리 공장 착공에 들어갔다. 21세기 혁신의 시대에 첨단IT 산업의 핵심이 되는 반도체 전쟁에서 최고를 목표로 하는 미국 정부의 지원에 힘입어, 인텔은 2024년 공장 완공 후 본격적인 양산체제에 들어간다. 이로써 향후 TSMC, 삼성전자, 인텔 등의 3개사가 지구촌 파운드리 산업에서 마켓리더십을 확보하기 위해 각축전을 벌일 것으로 예상된다.

한편 애리노나주 파운드리 공장이 2024년 완공되면 인텔의 오코틸로 캠퍼스 내 반도체 공장은 6개로 늘어난다. 인텔은 10년간 유럽에 최대 800억유로(약 110조원)를 투자해 반도체 공장 2곳을 신설하는 계획을 수립하는 가운데, 공격적인 투자를 감행하고 있다. 이 같은 생산시설을 기반으로 인텔은 향후 TSMC와 삼성전자 양사가 확보하고 있는 70% 시장을 넘어서, 파운드리 시장 점유율을 확장할 계획이다. 이 같은 마켓 전략하에 인텔은 IBM, 퀄컴 등의 미국 기업들과 파운드리 분야 협력을 강화하고 있다.

파운드리가 반도체 시장을 주도하는 시대에 업계를 특징짓는 중요한 현상이 있다. 애플, 아마존, 구글 등 미국의 빅테크들이 직접 '맞춤형 칩'을 설계해 사용하는 것이다. 이제는 기술력있는 기업이 자체적으로 최적화된 칩을 직접 설계하고, 파운드리가 외주 생산하는 시대가 되었다. 그 대표적인 사례로, 애플은 네트워킹과 모바일 디바이스에 최적화된 아이폰용 A 시리즈 칩을 개발하는 한편 맥북용 M 시리즈까지 직접 만들고 있다. 퀄컴도 '스냅드래곤' 같은 칩을 직접 개발하고 있으며, 스마트폰 두뇌(AP) 시장은 이미 퀄컴이 장악했다. 이처럼 미국 중심의 빅테크 회사들은 이제 디바이스 컨셉과 혁신적 성능에 부합하는 칩을 직접 설계해서 사용하고 있다. 표준화

된 칩이 주도하던 시장에서 기술력을 가진 기업들이 제품의 컨셉과 사양에 부합되게 자체 설계해서 맞춤형으로 사용하는 시장으로 변했다.

AI시대와 더불어 코로나19로 인한 온라인 업무 폭증, 첨단 반도체 수요 급증

특히 AI와 코로나19로 인한 비대면 온라인 업무 폭증 시대에 빅테크의 부상과 함께 반도체 시장이 급팽창하고 있다. 첨단 반도체가 아닌 자동차 반도체도 품귀 현상이 빚어지고 있다. 자율주행 자동차 시대가 되면, 이 같은 트렌드는 더욱 가속화될 것이다. 2021년 현재 AI 혁신과 온라인 거래 급증이 파운드리 팽창을 이끌었지만, 자율주행이 본격화되는 2027년 이후에는 자율주행 시스템이 파운드리 팽창을 이끌게 될 것이다. AI와 클라우드, 온라인 마켓, 그리고 자율주행 시장까지 열리면 반도체 파운드리는 유례없는 성장 시대를 맞이할 것이다.

혁신중공업 글로벌 물동량 증가와 혁신적 기술력 성장으로 매출성장

1990년대 이후 지구촌 해상교역량이 확대되면서 신속하게 많은 화물을 적재할 수 있는 선박의 연구개발활동이 활발히 전개되었다.

그 일환으로 신소재 개발과 선체 디자인최적화 등 선박의 경량화를 통해 적재능력을 높이고 운항경제성을 제고할 수 있는 기술개발이 활발히 전개되고 있다.

대형 액화천연가수수송LNG선, 초대형 콘테이너선, 크루즈선, 초고속선, 쇄빙상선 등으로 분류되는 선박산업에서 한국 기업들은 대형 LNG선 건조기술면에서 경쟁력을 보유하고 있다. 현대중공업, 삼성중공업, 대우해양조선 등 한국의 대형 중공업사가 보유한 LNG 운반선 건조능력은 글로벌 시장의 점유율 70%를 상회한다. 이들 대형 중공업에서는 최근 LNG운반선의 대형화에 따라 다양한 분야의 기술개발을 추진하고 있다. 이러한 상황에서 지난 2천년대부터 지구촌 선박 수요환경 변화에 따라 선박기술이 나날이 발전하고 있다. 한국 기업들은 친환경 선박 건조를 위한 솔루션을 관련 업계와 협력하는 가운데, 자체적으로 시스템을 구축하고 있다.

그 일환으로 업계는 단기적으로 이중 선각화, 연료배출가스 규제 강화 등에 대한 대응부터 중장기적으로 친환경 동력원을 기반으로 하는 친환경선박 개발을 추진했다. 그런 한편 선체구조의 안정성 강화, 해양오염 물질의 배출을 규제하는 IMO2050에 대비한 선체의 이중 구조화 기술, 무독성 도료 개발, 배기가스저감기술 등 환경친화적 기술에 대한 연구개발이 진행되고 있다.

특히 2000년대에 들어와 세계 조선시장을 선도하는 한국 조선산업의 관련 기술은 일부 고부가가치 선박 및 핵심 기자재의 기술분야를 제외하고는 조선업 강국과 비교할 때, 설계, 생산 및 기자재 분야에서 대부분 기술경쟁력을 유지하고 있다. 또한 21세기에 접어들어 친환경 고가형 선박 부문에서는 업계를 선도하는 입장에서 기술력을 개발하여 산업을 리딩하며 경쟁력을 더욱 강화하고 있다.

IMO2050 규준 부합하는 듀얼퓨얼시스템 갖춘 현대중공업과 관련 기업 매출성장

이 같은 선박산업의 환경변화에 따라, 대형선박을 건조하는 중공업의 향후 과제는 주연료인 경유에서 배출되는 유황성분을 50% 감축해야 하는 IMO2050에 대한 솔루션을 찾는 일이다. 한편 IMO2020에 부합되는 기존의 스크러버시스템ScrubberSystem에서 한국 기업이 경쟁력을 보유하고 있다. 그러나 이 시스템 장착 선박에 대해 항구에서 접안을 금지시키기 때문에 선사들이 기피하고 있다. 그 결과, IMO2050 규준에 부합하는 듀얼퓨얼시스템DualFuelSystem을 현대중공업이 자체적으로 개발하여 이미 2020년 세계 최대 선박회사인 머스크로부터 수주를 받는 가운데, 2023년 새로운 형태의 친환경선박을 건조해 납품할 예정이다.

한편 머스크는 오는 2023년부터 최초 탄소중립 컨테이너선을 운항해 제로탄소화 목표를 달성하기 위해 대체연료 시범 프로젝트로 메탄올 추진선 건조를 추진하고 있다 메탄올은 황산화물, 질소산화물, 온실가스 등 환경오염 물질 배출을 대폭 저감하는 가운데, 액화

천연가스LNG, 액화석유가스LPG에 이어 친환경 선박 연료로 각광받고 있다.

2020년 머스크가 발주한 12척의 친환경선박 건조는 세계 최초로 벙커씨유와 메탄올을 모두 사용할 수 있는 '이중 연료 시스템Dual Fuel System' 선박이다. 현대미포조선은 지난 2016년 세계 최초로 메탄올 이중 연료 추진 선박 2척을 인도하며 친환경 선박 건조 전문 조선소로 이름을 알렸다. 그 결과, IMP2050에 부합하는 친환경선박 건조 능력을 갖춘 현대중공업은 물론 협력하는 기업들이 향후 매출성장으로 인해 기업가치의 상승이 예견된다. 그에 따라 중화학산업 분야의 혁신적인 선박관련 기술개발과 투자도 더욱 가속화되면서 한국이 혁신적 선박산업의 글로벌 허브로 거듭날 것으로 전망된다.

비대면 시대에
배달신선푸드산업 등 광폭성장

비대면 시대에 성장가도를 달리는 또 다른 산업이 배달신선푸드 산업이다. 한국에서 지난 몇 년간 급성장한 스타트업이 마켓컬리다. 커리어우먼을 타겟 고객으로 신선식품 아침배송을 컨셉으로 출발한 마켓컬리는 관련 기업이 일제히 아침 배송을 시작할 만큼 시장 주도적인 역할을 했다. 그 결과, 쿠팡, 이마트 등 국내 이커머스와 유통 기업의 아침 배송 붐을 일으킬 만큼 아침 배송은 신선한 충격이었다.

미국에서 경영학을 공부한 글로벌 컨설팅기업의 컨설턴트 출신의 마켓 컬리 대표는 여성 커리어 출신 창업경영자이다. 일하는 여성 커리어의 입장을 십분 이해하는 마켓 컬리 대표는 아침 배송 초기에 배달 나갈 차량의 기사가 없으면 스스로 배송차량을 몰고 고객의 집으로 배달을 나갈 정도로 솔선수범하며 기업을 운영하고 있다. 창업경영자의 그런 열의와 고객마인드가 마켓 컬리의 급성장 배경이다.

특히 2020년 코로나19 사태로 인해 비대면 마켓의 성장에 힘입어 마켓 컬리의 2020년 매출액이 9,523억원으로 전년 4,259억원보다 123.5% 증가했다. 이 같은 수치는 국내 주요 대형마트의 온라인 쇼핑몰 매출액에 버금간다. 신세계그룹 통합 온라인몰 SSG닷컴의 지난해 매출은 1조 2,941억원이고, 홈플러스 2020년 온라인 매출은 1조원을 기록했다.

이 같은 성과에 힘입어 마켓 컬리는 2021년 년내 나스닥 상장을 목표로 뛰고 있다. 이들 비대면 온라인 식품기업들의 성장에 힘입어, 정보인증, 물류, 택배, 제지 등 관련 기업들도 동반 성장하는 가운데, 주가 상승에 반영되고 있다. 관련되는 종목으로 동방, KTCT, 미래생명자원, KTH, 세방, 다날, 대영포장, 세틀뱅크, 가비아, 한익스프레스 등이 있다.

◆ 2부 ◆

재능 키우고
증권투자 기본기 터득하기

◆

제 4 장

아버지의 훈육과 10대의 재능과 꿈 키우기

◆

제 5 장

21살에 증권투자 시작, 실패를 통해 거듭난 투자훈련기

◆ 제 4 장 ◆

아버지의 훈육과
10대의 재능과 꿈 키우기

재능과 꿈 키우기 01
부모님의 사랑으로 따뜻한 10대를 보내며 저축하는 습관 키워

세상에는 수많은 사람들이 있고, 그들 모두 다양한 종류의 일을 하면서 살아가고 있다. 한국에서 태어나 배우고 일하며 32살 되도록 살면서 필자가 깨달은 점이 있다.

'사람은 주어진 환경과 타고난 인성에 따라 10대의 삶을 산다'라는 것이다. 내 삶의 과정과 궤적을 보면 그런 사실을 확인할 수 있다.

서로 아끼며 살아가는 부모님의 따뜻한 사랑을 받고

경기도 안양에서 1990년에 태어난 필자는 아버지의 직장이 있는 안산의 공단 부근 마을에서 10대 시절을 보냈다. 당시 우리 집은 허

름한 슬레이트 지붕의 집이었고, 주변 환경도 어린 내가 보기에도 만족스럽지 못했다. 비록 환경은 만족스럽지 못했지만, 아버지와 어머니께서 나와 남동생에게 따뜻한 보살핌을 주었기 때문에 필자의 10대 시절은 따뜻했다. 세상의 모든 아이들이 그렇겠지만, 부모님이 오손도손 서로 의지하며 살아가는 모습은 우리 두 형제가 성장하는 과정에 가장 좋은 영향을 주었다. 필자는 부모님의 그런 모습을 보면서 생각했다.

'나도 커서 결혼을 하면 어머니, 아버지처럼 저렇게 서로 아껴주고 살아야겠다.'

당시 아버지는 기아자동차 소하리 공장에서 엔지니어로 일하셨고, 어머니는 가계에 보탬을 주기 위해 동네에서 자그만 슈퍼를 운영하셨다. 어머니와 아버지는 금슬이 좋았고, 아버지는 자상하셨다. 아버지는 직장에서 돌아오면 옷을 갈아입고 어머니의 슈퍼 일과 가사를 많이 도와주었다. 부모님 두 분 모두 경제활동을 했지만, 우리 집 살림은 그리 넉넉하지는 않았다. 우리 가족은 한 달에 한 번 근처 음식점으로 외식을 하러 갈 정도의 생활적 여유에 만족해야만 했다.

90년대 명품 브랜드 열풍이 만든 빈부 격차와 소유 욕구

특히 1990년에 태어난 필자는 여행 자유화와 세계화 열풍이 불던 90년대 후반에 초등학교에 입학했다. 90년대 중반 이후 경제적으로 풍요로운 한국 사회에 해외 스포츠 브랜드와 명품 브랜드가 들어와서 백화점 매장과 미디어 이미지를 장식했다. 당시 집이 부유한 아이들은 나이키나 아디다스 신발을 신고 자랑스럽게 학교에 다녔다. 그 시절 학교 친구 중에는 게임기를 가지고 있는 아이도 있었고, 학교가 끝나면 친한 아이들과 햄버거 가게에 가서 주전부리하는 것이 유행이었다. 그러나 필자는 당시 몇 십 만원 하는 브랜드 운동화나 게임기를 가질 수도 없었고, 학교 앞에서 햄버거를 사먹을 수도 없었다. 90년대 필자가 초등학교에 다닐 때 퍼스널 컴퓨터가 나왔다. 주변에 컴퓨터를 가진 집도 있었지만, 우리 집에는 컴퓨터가 없었다. 그러나 컴퓨터를 하고 싶었던 필자는 용돈을 모아 PC방에 가서 컴퓨터를 하는 가운데, 그 기능을 스스로 익히며 게임을 하기도 했다.

초등학교 훈련으로 저축하는 습관 들이고, 컴퓨터를 익히며

초등학교 시절 특별히 기억나는 일은 안산의 초등학교 선생님께서 특별한 훈련을 시킨 점이다. 10대의 학생들이 저축하는 습관을 갖도록 하기 위해 담임 선생님께서 매달 1번 집에서 저금할 돈을 가져오게 하셨다. 학생들이 돈을 가져오면 선생님은 농협 통장에 저금을 하게 하셨다. 당시 학교에서 반장이었던 필자는 저축을 많이 하고 싶어, 저금하라고 받은 돈 이외에 용돈을 모아 12만원을 저축했다. 그런데 어느 날 부모님께서 저금 통장을 보자고 하셨다. 필자는 용돈을 모아서 저축한 돈을 인출하고, 부모님께서 저축하라고 준 돈만 남겨두고 통장을 보여드렸다. 통장을 보신 어머니께서 필자를 나무라시며 말씀하셨다.

"왜 이 돈을 뺐느냐?"

"그 돈은 어머니께서 저금하라고 주신 돈으로 저금한 것이 아니라, 제가 용돈을 모아서 한 저금이기 때문에 통장에서 뺐습니다."

대답을 들은 어머니께서 말씀하셨다.

"어쨌던 그 돈은 엄마가 준 돈인데, 그 걸 뺐다는 것은 도둑질하는 것과 같은 거다!"

필자는 어머니의 그 말을 듣고 순간 당황했다. 당시 그렇게 한 이유는 저축한 돈을 직접 눈으로 확인할 수 있도록 장독대 밑에 숨겨두고 싶어서였다. 당시 필자는 내 소유의 돈이 있다는 것을 자주 확인하고 싶었다. 그런데 부모님께서는 그런 행동을 나쁜 일이라고 하셨기 때문에, 필자는 아들의 마음을 이해하지 못하시는 어머니가 원망스럽기도 했다.

돌이켜보면 당시 필자가 저축하는 습관을 가지게 된 것은, 선생님께서 그런 과제를 주면서까지 은행에 돈을 저축하는 습관을 만들어주었기 때문인 것 같다. 특히 해프닝으로 끝날 수도 있었던 통장 사건이 의미가 있었던 것은 아버지께서 당신 아들이 소유욕이 강한 아이임을 이해하셨기 때문이다. 그 일이 있은 후 아버지께서 필자가 그렇게 갖고 싶어하던 컴퓨터를 사 주셨다. 아버지께서 사주신 그 컴퓨터가 필자의 재능과 호기심을 키우는 한편 인생에서 여러 가지 기회를 만들게 될 줄은 그 때는 잘 몰랐다.

재능과 꿈 키우기 02
중학교 3학년 때 처음 햄버거를 사서 먹으며,
사업가의 길을 결심

 돌이켜보면 필자의 10대 시절은 경제적으로는 부족했지만, 그럴수록 갖고 싶은 것도 많았고 해보고 싶은 일도 많았다. 그 시기에도 필자는 현실에 굴복하지 않았고, 스스로 원하는 것을 할 수 있는 방법을 찾았다. 마치 그 전에 그런 일을 해보기라도 한 듯이, 언제든 주저하지 않고 새로운 것을 찾아서 나름의 방법을 찾았다. 그 결과, 성과를 내었을 때는 무엇보다 기뻤고 스스로 대견하기도 했다. 그리고 필자가 한 일들을 친구들에게 자랑스럽게 이야기하곤 했다. 그러면 친구들이 궁금해서 필자에게 질문을 하며 따라다니며 배우려고까지 했다. 그런 과정을 거쳐 필자의 추진력과 리더십이 조금씩 성장해 갔던 것 같다.

10대 시절 필자는 늘 좋은 것을 소유하고 싶은 갈망이 있었다. 그래서 물질적 갈망을 현실로 만들어가는 가운데, 현실의 제약을 극복할 수 있는 힘을 기르고 있었다. 중학생이 되고 나서 어머니께서 매월 2만원을 용돈으로 주셨다. 필자는 대부분의 용돈을 쓰지 않고 저축을 했다. 그렇게 모은 돈이 중학교 3학년 때 20만원이 되었다. 그 돈으로 평소 갖고 싶던 카시오 중고 시계를 온라인에서 구매해서, 학교 갈 때 차고 다니면서 친구들에게 자랑하곤 했다. 그 때 필자는 명품을 가지고 있다는 만족감에 학교 가는 길이 즐거워졌고, 주변 친구들도 필자를 부러워했다.

중학교 3학년 때 처음 햄버거를 사 먹으며, 사업가의 길을 결심하고

2000년대 초반부터 컴퓨터를 능숙하게 사용하고, 온라인 시장이 형성되면서 필자에게 새로운 기회가 마련되었다. 당시 용돈을 모아 온라인에서 구매한 중고 카시오 시계를 6개월 후 온라인에서 30만원에 되팔았다. 이 때부터 온라인에서 중고 거래로 돈을 남길 수 있다는 사실을 실감했다. 첫 거래로 10만원을 벌고 난 후, 처음으로 햄버거 가게에 가서 햄버거를 사먹었다. 그 때의 기쁨과 뿌듯함을 지금도 잊을 수가 없다. 햄버거를 먹으면서 필자는 내심 생각했다.

'이제부터 온라인에서 중고 거래를 하면서 돈도 모으고 경험도 쌓아보자. 나는 커서 사업가가 되어서, 풍족한 생활을 하면서 돈이 없어서 겪은 이런 부족함을 내 자식에게 물려주지 않겠다! 무엇보다 앞으로 사업가가 되어서, 내가 하고 싶은 사업도 하면서 돈도 벌고 친구들과 부모님도 풍족하게 살 수 있도록 도와주고 싶다!'

　그날 햄버거를 사먹으면서 스스로와 다짐한 결의가 오늘 날의 필자를 만든 것 같다. 물론 10대 시절 물질적으로 풍족하지 못해서 갈망과 아쉬움이 많았다. 그래서 한번은 부모님 앞에서 현실을 원망하는 말을 하기도 했다. 그러나 현실에 안주하지 않고, 주어진 환경과 상황을 활용하는 가운데, 스스로 원하는 삶을 살 수 있는 방법을 긍정적으로 찾아갔다. 그렇게 할 수 있었던 배경은 부모님의 성실한 삶의 방식을 보고 배움과 동시에 부모님께서 두 자식들을 최선을 다해 보살피고 사랑을 베풀고 계셨기 때문이었다.

재능과 꿈 키우기 03
회사 다니며 독학으로 재테크 터득한
아버지의 유산

필자의 생각과 10대 시절에 배운 점들을 언급하면서, 잠시 나를 낳아주시고 키워주신 아버지가 어떤 분인지, 어떻게 살아오셨는지 설명하고 싶다. 왜냐하면 아버지의 사고방식이나 습관이 필자에게 유산으로 물려졌기 때문이다. 물론 아버지와 필자는 여러 가지 측면에서 많이 다르기는 하다. 그렇지만 어릴 때부터 아버지는 필자의 롤모델이었고, 그 측면에서 오늘의 필자를 만든 사람은 아버지라고도 할 수 있다.

가족을 사랑하고 자상하지만, 원칙을 고수하는 아버지의 유산

엔지니어인 아버지는 성품이 자애스럽지만, 자신이 정한 원칙을 지키며 사시는 분이다. 아버지는 평소 자신이 정한 규칙을 지키는 가운데, 가정의 구성원인 아내나 자식들도 그렇게 하기를 원하셨다. 10대 시절 아버지께서 필자에게 늘 하신 말씀이 4가지 있다.

"첫째, 사람이 살면서 철학과 신념이 있어야 한다.

둘째, 공부도 잘 해서 대학은 반드시 넓은 서울로 가야 한다.

셋째, 가정을 사랑하고, 자신이 하는 일에 있어서는 최고가 되어야 하고, 자기 일에 자부심을 가져야 한다.

넷째, 네가 잘 되어야 주변 사람들도 잘 된다."

필자가 가장 존경하는 아버지의 모습은 삶의 기본적인 원칙을 지키는 가운데, 자식의 성장과정에 관심을 가지고 보살펴준 부분이다. 가족애가 유난했던 아버지는 우리 두 형제의 초등학교 6년 동안 학교 운동회에 한번도 빠지지 않고 참석하셨다. 아버지는 어머니와 함께 운동회에 와서 우리들 사진도 찍어주고 간식도 챙겨주는 가운데, 한 팀이 되어 뛰기도 하셨다. 필자는 운동회에서 아버지가 나를 챙겨주고 같이 경기에 참여하는 것이 자랑스러웠다. 그래서 봄이 되면 아버지와 함께 참가하는 운동회가 기다려지곤 했다.

세상에 하나 밖에 없는 소중한 보물, 아버지의 가족 '블로그'

아버지 이야기를 하면 빼놓을 수 없는 것이 하나 더 있다. 자식들에게 자상했던 아버지께서는 2000년대 중반부터 우리 가족이야기를 '초롱이네 이야기'라는 블로그에 올려 주변 사람들과 공유하기도 했다. 나와 동생은 아버지께서 만드는 블로그를 친구들에게 자랑하곤 했다. 그 시절 물질적으로 부족한 것도 많았지만, 블로그 '초롱이네 이야기'는 부모님의 우리들에 대한 관심과 사랑의 상징이었다. 그랬기 때문에 우리 형제는 마치 다른 아이들은 없는 세상에서 가장 소중한 보물을 가진 것처럼 자긍심을 가지고 살았다.

재테크 마인드로 재정적 자유를 추구한 아버지의 유산

원칙 중심의 생활을 한 아버지는 재테크에서도 자신의 원칙에 충실하신 분이었다. 필자는 아버지께서 어떤 방법으로 재테크를 했는지 정확하게 모른다. 필자가 고등학생이 되었을 때 아버지께서 당신의 증권 계좌를 보여주시면서, 혼자서 온라인으로 사고 파는 행위를 해보라고 하셨다. 그러나 당시 필자는 증권에 대한 지식도 없었고, 증권으로 돈을 번다는 마인드도 없었기 때문에 솔직히 별 관심이 없었다. 다만, 아버지께서 해보라고 했기 때문에, 접속해서 증권 종목이 많다는 사실과 꽤 복잡하다는 생각을 했던 정도였다.

그 시절에 필자는 증권보다는 중고 명품 상거래가 관심사였고, 유일한 거래수단이었다. 그러나 어쨌던 필자가 돈의 중요성을 깨닫고 일찍 비즈니스 세계에 들어간 것은 아버지의 재테크 마인드를 배움과 동시에 경제적으로 풍요롭게 살려는 욕구가 있었기 때문이다. 아버지도 그런 마인드와 욕구의 소유자이기 때문에 엔지니어로 풀타임으로 일하면서도 재테크를 하신 것이다. 그리고 필자는 그런 아버지의 생활태도와 가정적 자상함을 옆에서 지켜보며 성장했기 때문에, 돈의 의미를 이해하고 스스로 돈을 벌 수 있는 거래를 시작한 것이다. 어느 인터뷰 전문 작가로부터 들은 기억이 있다.

'아버지가 사업가이면 자녀들이 사업가가 될 확률이 60%이고, 아버지가 교수이면 자녀가 교수가 될 확률이 60%이다.'

필자도 그 의견에 공감한다. 아버지는 어린 자녀들의 소우주이기 때문에 아버지의 사고와 행동양식이 유전적으로, 정서적으로 자녀들에게 영향을 미치는 것은 당연하다.

요즘도 증권을 하시는 아버지는 투자 방식에 대해 필자와 의견이 다르기도 하지만, 우리 부자는 서로의 견해를 존중한다. 아버지는 원칙에 충실하지만, 자식에게 자신의 의견을 강요하거나 반드시 따라야 한다고 주장하지 않을 만큼 열린 분이다. 특히 필자가 대학교에 들어가 학업을 하며 다양한 아르바이트를 하여 돈을 벌고 사회적 경험을 쌓는 것에 대해 철저히 아들의 선택과 의견을 존중해주셨다. 필자는 그런 아버지를 존경했고 항상 자랑스러웠다. 그래서 필자는 늘 생각했다.

'나도 자식을 낳으면 내 아버지 같은 아버지가 되어야겠다!'

재능과 꿈 키우기 04
용돈 모아 산 20만원 카시오 시계로
첫 온라인거래사업 시작

　여기서 필자가 중학교 3학년 때 용돈을 저축해 모은 20만원을 자본금으로 중고 상거래를 하면서 창업훈련을 한 이야기를 잠시 하려고 한다. 중 3때부터 시작하여 군대 입대 전까지 약 4년 동안 중고 상거래로 모은 돈은 1천만원이다. 돈의 액수보다 더 중요한 것은, 중고 상거래를 하면서 필자가 쌓은 경험과 상거래에 필요한 지식, 그리고 세상에 대한 이해도와 장래 계획을 세운 점이다.

창업훈련 1 _ 중고 명품 거래하면서 비즈니스 감각 익히고 세상에 대한 안목 가져

2000년대 중반부터 한국 사회에 명품 열풍이 불었다. 청소년들은 나이키나 아디다스 같은 스포츠 브랜드 옷을 입고 등하교 하는 것이 로망이었다. 당시 명품 브랜드에 대한 열풍의 배경은 그것이 경제적 성공의 상징일 뿐만 아니라, 세련된 디자인의 고가 브랜드와 자기 동일시를 하고 싶은 사람들의 욕구 때문이었다. 필자도 그랬기 때문에 사람들의 그런 심리를 잘 이해한다.

창업훈련 2 _ 학생들에게 인기 있던 스포츠용품 첫 거래 후 품목 늘려가며 규모 확장

필자가 중고 명품 거래를 하게 된 동기는 당시 학생들에게 선망의 대상이었던 아디다스, 나이키 같은 스포츠용품을 가지고 싶었기 때문이다. 첫 명품 시계 카시오를 6개월 정도 사용한 후에 10만원을 더 붙여서 인터넷에서 판매가 되었을 때, 거래의 가치를 깨닫게 되었다. 그 때부터 명품에 관심을 가지고 중학교 때는 10만원 미만의 신발, 티, 운동복 같은 제품을 사서 직접 사용한 후에 중고 카페에서 판매를 했다. 아디다스 티를 5천원에 사서 입고 다니다가 실증이 날 즈음, 중고 거래로 2만 5천원에 판매하기도 했다. 고등학교 때는 20만원이 넘는 명품 가방이나 의류 등을 사서 중고 거래를 했다. 언젠가는 아이들이 50만원짜리 나이키 운동복을 입고 다녔다. 그 옷이 입고 싶었던 필자는 중고 나이키 운동복을 20만원에 사서 한동안 입은 후에, 친구에게 40만원에 되팔기도 했다.

중고 명품 거래를 온라인에서 하며 필자는 비즈니스 기회를 키워 갔다. 상품을 구매하기 위해 먼저 시장 물건의 메카인 동대문의 명품 가게로 가서 벨트, 지갑, 시계, 가방 등을 구매했다. 때로는 중고 장터 '급매'에 오른 물건을 전화해서 실제로 본 후에, 가격이 더 싸면 구매하기도 했다. 중고 장터에서 물건을 판매할 때는 약간의 전략이 필요했다.

물건 소개하는 글을 읍소형으로 올렸다.

'이 제품은 제가 정말 아끼는 명품인데, 제가 몇 번 사용했지만, 돈이 필요해서 눈물을 머금고 판매를 합니다.'

당시만해도 가격 비교 사이트가 없었기 때문에 물건 시세가 정해져 있지 않았다. 정보가 없는 사람은 물건 가격을 몰랐기 때문에, 반드시 사고 싶은 사람을 만나면 애초 산 가격보다 더 높은 가격으로 판매할 수 있었다. 그 점을 이용해서 필자는 받고 싶은 만큼 물건 가격을 올려서 거래를 성사시켰다.

창업훈련 3 _ 금요일 밤 동대문 시장에서 물건 사입 후 토요일 새벽 집으로 복귀

중고 명품을 팔면 이윤이 적게는 50%, 많게는 250%까지 붙었다. 한 달에 중고 명품 거래는 최소한 3-4건 했다. 거래가 늘어나면서 상품도 한 개 이상 구매하면서 더 좋은 가격으로 구매할 수 있었다. 중고 가게에 가서 명품을 판매하는 상인들과 거래를 하면서, 시장

에서 거래되는 물건의 종류를 증가시켜 갔다. 그러면서 좋은 상품을 고르는 방법과 가격을 깎는 방법도 배울 수 있었다 시험 기간 중에는 한 달에 한 번, 평소에는 매주 1회 동대문 상가로 가서 물건에 대한 정보를 파악하고 구매도 했다.

동대문 시장에 가기 위해 필자는 금요일 오후에 안산의 상록수 역에 가서 지하철을 타고 동대문역사공원역으로 갔다. 금요일 밤에 주로 장을 보고 토요일 새벽에 안산으로 돌아왔다. 그 이유는 지방 상인들이 목요일까지 시장에 올라오는 한편 주말인 금요일, 토요일에는 시장에 오지 않았기 때문이다. 금요일부터 시장에 지방 상인들이 별로 없기 때문에 시장이 한적했고, 좋은 물건이 있으면 평소보다 더 싼 가격에 거래할 수도 있었다. 특히 매주 부지런히 시장에 가서 중고 명품을 눈여겨 보아두었기 때문에, 오래된 물건은 값을 깎아서 구매할 수도 있었다. 그렇게 중고 명품 거래를 통해 당시 매월 수 십만원, 연간 2백만원 이상의 돈을 모을 수 있었다. 당시 부모님에게 중고 명품 거래하는 것은 알리지 않았기 때문에 동대문 시장에서 물건을 사와서 친구 집에 잠시 맡겨두기도 했다.

창업훈련 4 _ 지하철로 동대문 시장 다니며 세상을 배우고, 브랜드가치 이해

지금 필자의 키가 174 cm인데, 중 3학년 때 키가 168cm였다.

중학교 3학년 학생이 동대문 시장에 중고 명품을 고르기 위해 매주 오는 모습을 본 상인들은 상품에 대한 정보도 친절히 제공하고 물건 값을 깎아주기도 했다. 안산의 한 주택가에서 학교와 집을 오가던 학생이 중학교 3학년때부터는 동대문을 오가며 세상을 배우고 눈높이를 키워 갔다. 특히 일반 시장 물건과 명품의 차이를 스스로 확인하면서, 같은 용도의 상품이라도 가격 차이가 나는 이유를 이해할 수 있었다. 그때 세상에서 비즈니스를 하려면 사람들이 가지고 싶어하는 상품을 만들어야 한다는 점을 깨달았다. 또한 풍요의 시대에는 비록 비싼 가격이지만, 브랜드 가치가 있는 상품을 소유하면서 소비자들은 그 브랜드 이미지를 자기 것으로 만들고 싶어한다는 점도 이해하게 되었다.

필자의 동대문 중고 명품 거래는 고등학교 3학년까지 계속되었다. 대학에 들어가면서 중고명품 거래를 종료했다. 그 때의 경험을 통해 '세상을 배우려면 시장으로 가라!'라고 말하고 싶다. 시장에서 상인들이 새벽부터 밤 늦은 시간까지 일하면서, 세상 사람들이 필요로 하는 물건을 쏟아내며 거래를 하고 있었다. 게다가 동대문 시장에서 중국과 다른 나라에서 오는 상인들도 쉽게 볼 수 있었다. 암기와 문제풀이 중심의 한국의 학교 현장에서 시장으로 활동영역을 넓히면서 필자의 시야와 생각의 깊이도 그만큼 넓어지고 깊어졌던 것 같다.

창업훈련 5 _ 상품 거래하면서 자본금과 이익 마인드 키워가고

    필자는 고등학교 입학 후에도 중고명품 상거래를 하면서 부모님에게는 알리지 않았다. 학교에서 전교 석차를 유지하며 공부도 잘하고 있었기 때문에, 부모님은 필자가 하는 일에 간섭을 하거나 학업에 대해 신경을 쓰지 않으셨다. 그렇게 한 이유는 나름 목표가 있었기 때문이었고, 부모님에게 알리면 괜히 걱정만 끼쳐드릴 뿐이라고 생각했기 때문이다. 그래서 어머니로부터 용돈을 받는 그 순간부터 스스로 통장 관리를 하면서 저축을 했다. 용돈을 모아 자본금을 만들고, 동대문 상품과 중고 명품으로 거래를 통해 이익을 얻고 투자금을 늘려갔다.

[표4-4. 창업훈련하고 기업가마인드를 키우는 과정과 방법]

◆ **창업훈련팁** ◆

기업가정신을 어떻게 키울 것인가?

---

01. 등·하교하면서 주변을 잘 살피고, 세상에 어떤 일들이 있는지 파악하자.

02. 아르바이트를 해서 용돈을 벌어보고, 부모님께서 주는 용돈을 저축하여 자신이 하고 싶은 일이나 갖고 싶은 물건을 사는데 사용하자.

03. 학교 졸업 후 사회에 나가 일을 하면서 살아야 하는 만큼, 세상을 움직이는 기업가 스토리에 관심을 가지고 뉴스를 읽고 생각의 키를 키우자.

04. 주변에 대학이나 기업에 다니는 형이나 누나가 있으면 가끔씩 대화를 나누며 학과 공부와 진로, 기업에서 어떤 일을 하는지 듣고 진로 상담을 하자.

05. 아버지나 지인이 하는 회사 혹은 가게가 있으면 무슨 일이든 아르바이트를 하면서 체험을 하고, 자신의 재능과 일의 형태를 파악하자.

06. 아르바이트를 해서 자본금이 모이면, 소규모 거래를 하면서 거래기법을 익히고 재미를 느껴보자.

07. 거래를 통해 수익이 발생하면 차곡차곡 적립하며 자본금을 늘리면서, 증권 투자도 해보면서 재테크 기법을 터득하자.

08. 증권투자를 하면서 기업이 하는 비즈니즈 형태와 시대의 산업을 파악하면서 경제마인드를 키우고, 세상에 나가 할 수 있는 일에 대해 생각해보고 각자의 재능과 연결시켜 진로를 정해보자.

재능과 꿈 키우기 05
장사하고 학업하며 내신 1등급으로 대학 입학 후, 과대표하며 리더십훈련

중학교에 들어가서 용돈을 모아 동대문 시장에 가서 브랜드 의류와 또래 아이들의 옷을 구매해 팔면서 필자는 사업에 재미가 붙었다. 무엇보다 '노력한 만큼 돈을 벌고, 내가 돈이 있으면 하고 싶은 것을 할 수 있으며, 돈이 없다는 이유로 주눅이 들거나 비관하며 살 필요가 없다'라는 점을 깨달았다. 그리고 그런 능력을 가질 수 있다는 점이 좋았고, 그 점에서 스스로 한 선택과 활동에 자신감을 갖게 되었다. 한창 성장할 무렵 돈이 없어서 주변 친구들이 가진 놀이용품이나 스포츠용품을 갖지 못했을 때의 상실감을 필자 또래의 아이들은 모두 이해할 것이다.

장사 때문에 공부 소홀하여 학교 성적은 하위권,
중3때 어머니 담임 선생님과 진학 상담

중학교 때부터 시작한 동대문 시장 나들이와 중고 명품 거래는 고등학교 때까지 계속 이어졌다. 중고장터에서 온라인 거래를 하면서 자신감과 만족감은 올라갔지만, 학교 성적은 떨어졌다. 중학교 때 내신은 200명 중 132등일 정도로 학업에서는 부진을 면치 못했다. 그도 그럴 것이 학교 공부가 끝나면 동대문 나들이를 계속하였고, 필자의 관심은 온통 신상품 구매와 온라인 거래에 집중되었기 때문이다. 중학교 3학년 말에 담임 선생님께서 진학 문제를 의논하기 위해 어머니에게 상담을 요청하셨다.

어머니를 만난 담임 선생님께서 말씀하셨다.

"어머니, 정용이 성적으로 인문계 고등학교에 가기 힘듭니다. 공고로 진학을 하도록 하시지요!"

담임 선생님의 말씀을 듣고 어머니께서 낙담을 하시고, 분명히 자신의 바람을 선생님에게 말씀하셨다.

"선생님, 우리 정용이는 꼭 대학에 가야 하니, 인문계 고등학교로 진학하도록 해주세요!"

담임 선생님과 상담을 마친 어머니께서 교무실을 나와 눈물을 흘리셨다. 필자는 교무실 밖에서 어머니를 기다리면서 눈물을 훔치는 어머니 모습을 보게 되었다. 뒤따라간 필자에게 어머니께서 말씀하셨다.

"네가 갈 고등학교가 없다고 하시기에, 안산고등학교라도 보내달라고 했다!"

당시 안산고등학교는 학업 성적이 부진한 안산 근교의 중학생들이 진학하는 인문계 고등학교였다. 주로 공부를 하지 않고 노는 아이 혹은 동네에서 싸움질하는 문제아가 된 학생들이 들어가는 인문계 고등학교였다. 안산고등학교 정원은 700명이었고, 입학할 때 필자의 등수는 150등 정도였다.

안산고등학교 진학 후,
학교 수업에 집중해 공부하며 상위권 성적 유지

고등학교에 진학한 이후 필자는 부모님의 바램인 서울 소재의 대학교 진학을 위해 학업에도 최대한 신경을 썼다. 필자는 학원은 가지 않고 학교 공부를 열심히 해서 상위권 성적을 유지하는 계획을 세웠다. 그래서 수업시간에 선생님의 가르침을 놓치지 않기 위해 노력했다. 간혹 선생님께서 하시는 설명이 이해가 안되면 다시 질문을 했고, 선생님께서 친절하게 설명을 해주셨다. 수업이 끝나면 공부를 좀 하는 아이들은 필자에게 와서 수업 중 질문한 내용에 대해 자세히 설명을 해달라고 요청하기도 했다.

고등학교에 진학해서도 필자는 다양한 친구들을 사귀었다. 공부를 잘 하는 아이든, 공부를 못하는 아이든 필자와 대화가 되는 아이들은 모두 친구가 되었다. 공부에 관심이 없는 아이들은 수업이 끝나면 매점으로 몰려가곤 했는데, 때로는 그들과 어울려 매점에 가기도 했다. 그 정도로 필자는 친구를 사귀는데 제한을 두지 않았고, 대화가 되는 아이들과는 기꺼이 친구가 되었다.

다만 고등학교 입학 후는 대학 진학을 목적으로 내신 1등급을 유지하기 위해 학교에서 수업 시간에 공부한 것을 모두 이해한다는 원칙을 세웠다. 그 덕분에 고등학교 때는 반에서 5등 내로 상위권 성적을 유지했다. 특히 필자는 수학과 영어 공부에 흥미를 가졌고, 내신성적도 1등급을 유지했다. 어머니께서 필자를 임신했을 때 부산에서 수학 선생님을 하셨던 만큼, 수학은 어머니의 태교를 통해 잘하게 된 것이 아닐까 생각하기도 했다. 물리나 화학은 2등급이었고, 사회나 국어도 좋아하는 과목이었다.

상위 1% 성적 유지하며 방과 후 수업하지 않고 하교, 물건 구매하며 상거래 계속

안산고등학교에서 입시를 앞두고 상위 1% 학생들을 대상으로 방과 후 수업을 했다. 고등학교에 입학해서도 필자는 수업이 끝나면 동대문 시장에 가서 물건을 구매하고 중고 거래를 계속했다. 그래서 방과 후 수업은 참여하지 않았으며, 선생님께 대신 양해를 구했다.

"선생님, 저는 집에 가서 할 일도 있고 하니, 방과 후 수업에 참여하지 않고 집에 가서 하겠습니다.”

필자의 제안을 들으신 선생님께서 말씀하셨다.

“그래! 정용이 너는 스스로 알아서 잘 하니, 네가 편한 데로 하려무나!”

고등학교에 입학 후 학업 성적이 좋으니까, 선생님이나 부모님께서 필자가 하는 모든 일을 인정해주셨다. 그 점을 이해하고 필자는 스스로의 생각과 선택에 자신감을 가지고 학업과 방과 후 사업을 열심히 해나갔다. 그런 가운데 자신감을 키우고 거래의 기술을 축적해 갔다.

‘나는 뭐든지 열심히 하면 잘 할 수 있는 아이야! 학교에서는 공부를 잘 하고, 방과 후에는 내가 하는 일을 열심히 해서 경제적으로 여유를 가지며 친구들에게도 인정받고 나도 만족스런 생활을 해보자!’

논술 부족해 1차 수시 불합격 후 2차에 내신 1등급자로 합격, 성적장학금 50만원 수령

2008년도에 필자는 대학 진학을 위해 수시모집에 응시하였고, 서울의 고대, 연대, 성균관대에 1차로 합격했다. 그러나 2차 논문, 면접, 기능에서 떨어졌다. 그 이유는 ‘공부는 혼자서 이해하고 암기하며 내 것으로 만들면 된다’라는 필자의 생각 때문이었다고 할 수 있다. 당시 학교에서 가르쳐주지 않는 논술고사를 위해 대부분의 아이들이 학원에서 준비를 했다. 그런데 사교육이 번성하지 않는 안산에서 필자나 부모님 모두 사교육을 받아야 한다는 생각은 하지 않았다. 그 때문에 논술 시험에서 사교육을 받은 아이들에게 비해 실력이 부족했다. 1차 시험에 떨어진 후 2차로 국민대에 응시했고, 내신 최고 점수로 합격했다. 그래서 2009년 신입생 중 상위 10%에 포함되어 50만원의 성적장학금을 받았다.

자존감 높은 신입생되어 과대표하며 교수님, 친구들과 교류하며 대학생활

대학 입학 시험에서 1차에 실패했지만, 필자는 2차에 국민대 전자공학과에서 상위권 성적으로 합격했다. 아버지께서 제시한 서울에 있는 대학에 합격했고, 시대의 첨단기술을 배울 수 있는 전자공학과에 합격해 성적장학금도 받았기 때문에 필자는 더 바랄 것이 없었다. '용의 꼬리가 되기 보다 닭의 머리가 되는 편이 낫다'라는 속담이 있다. 당시 필자는 인터넷 상거래를 하면서 스스로 하고 싶은 일도 하면서, 사업하는데 필요한 자금도 준비했다. 그리고 나름 한껏 멋을 내며 또래의 아이들에게 인기도 누리고 있었기 때문에 자존감이 최고 수준이었다.

그래서 대학교 입학 후 과대표를 뽑을 때 필자 스스로 먼저 '하겠다'라고 손을 들었다. 필자는 09학번 국민대학교 전자공학과 신입생의 대표가 되어 자신감 충만하여 대학생활을 시작했다. 전자공학과 과대표를 하며 학교 생활에 더 활력을 얻었고, 교수님이나 동료

학생들과도 긴밀히 교류하며 사회성을 키울 수 있었다. 돌이켜보면, 대학교 1학년 때 과대표를 한 것은 정말 잘한 선택이었다. 이후 필자는 어디서나 리더라는 의식을 가지고 항상 내가 속한 조직에서 선두가 되기 위해 노력했다.

10대에 사회 체험하며 금전적 여유와
비즈니스 노하우 습득하며 자존감 가져

어찌보면 필자가 고등학교 시절 가진 자신감은 학생 사업가로서 얻은 기업가 정신이라고 할 수 있을 것 같다. 물론 한국 사회의 통념으로는 학생이면 학업에만 집중하면 된다고 여긴다. 그러나 미디어를 통해 견문이 넓어지고 풍요의 시대를 사는 만큼 학생들도 경제적인 욕구가 생기게 된다. 그런 만큼 학생이라도 자신이 가진 재능과 열의를 기반으로 작은 사업을 하며 금전적 여유와 생활적 자신감을 누리고 싶은 사람이라면 금지할 필요는 없다고 생각한다. 필자의 경우 욕망을 억누르며 열등감을 갖기보다는 금전적 여유를 기반으로 자신감을 가지고 생활했기 때문에 학업과 모든 생활에서 자신감이 충만했다.

[표4-5 중고학교 학생 시절 어떻게 학창시절을 보내야 할 것인가?]

◆ 성장팁 ◆

중·고등학교 학생들이 학창 시절을
어떻게 보내는 것이 바람직할까?

---

01. 사람마다 각자의 환경과 재능, 욕구와 철학이 다른 만큼 각
자의 생각과 재능에 부합하게 선택하고 행동하는 것이 바람
직하다고 생각한다.

02. 학업을 마치고 사회로 나가 학자나 교수가 되는 사람도 있
고, 기업이나 공공기관에서 급여 소득자로 살아가는 사람도
있다. 또한 창업을 하여 기업을 운영하는 창업 경영자가 되
고 싶은 사람도 있다.

03. 체험도 없고, 사회를 배우는 과정도 없는 지식전달 위주의
한국의 학교 교육 방식은 하루빨리 변화해야 한다. 창업을
해서 기업을 운영하는 경영자가 되고 싶은 사람은 기업가 스
토리에 관심을 가지고 뉴스를 읽고 생각의 키를 키우자.

04. 학업 외의 다른 방면에 뛰어난 재능을 보유하고 있는 아이
들이 많다. 도구 만들기, 코딩, 게임, 운동, 요리, 노래, 미술,
연극, 미용 등 우리 사회에서 전문가로 성장할 수 있는 각 부
문에 재능과 관심을 가지고 있다.

05. 학교 수업이 끝나면 모두 학원으로 가서 문제풀이를 할 것이
아니라, 각자 관심을 가지고 있는 분야를 더 체험하고 나름
의 창조를 할 수 있는 시간과 계기를 만들어 주는 것은 학교
와 사회가 해야 할 일이다.

재능과 꿈 키우기 06
첫 군대 휴가 때 첫 증권계좌 개설하고,
증권 공부 시작

10대 시절 아버지의 가르침과 세상 체험 덕분에 일찍 철이 들었던 필자는 아이들이 잘 모르는 세상에 대해 입담 좋게 이야기도 하며 또래 친구들에게 인기를 누렸다. 초등학교 6학년 때 컴퓨터를 가지게 된 필자는 컴퓨터 기능에 익숙하게 되었고, 특히 전자 상거래를 능숙하게 하게 되면서 돈도 벌었다.

초등학교 때부터 컴퓨터 가지고 놀며,
게임과 상거래하며 재능 키워

컴퓨터를 접한 초등학교 6학년 때부터 필자는 컴퓨터 게임을 시작했다. 당시 학교에 가면 뭘 좀 한다는 아이들은 모두 집에서 컴퓨터 게임을 하고 학교에서 게임에 대해 자랑스럽게 이야기하곤 했다. 2004년부터 온라인 게임이 많이 나왔기 때문에 놀거리가 많았다. 그 시절 필자는 학교에서 돌아오면 컴퓨터로 게임도 하고 전자 상거래도 하며 내 꿈을 키워갔다.

'나는 컴퓨터 게임에 재능이 있는 것 같다! 열심히 해서 컴퓨터 게이머가 되어 보자!'

중학교까지 필자를 방임으로 키우던 아버지께서 고등학교 2학년 때인 2007년 무렵 필자에게 HTSHome Trading System을 해보라고 하셨다. 아버지께서 직장에서 근무하시는 낮 시간에, 필자는 집에서 컴퓨터로 아버지 ID와 비밀번호를 치고 HTS에 로그인한 후 거래 사이트에 들어갔다. 그때는 다양한 메뉴가 있고, 숫자와 알파벳으로 가득한 사이트에 도무지 적응이 되지 않았다. 계속 등락을 표시하는 불빛이 움직이는 가운데서, 필자는 매도와 매수 표시를 찾지 못해 한동안 헤매기도 했다. 결국 아버지에게 전화해서 물어본 후 1시간 동안 종목과 주가의 움직임을 주시했다. 그러나 필자는 그 때 결론 내렸다.

'아! 이건 내가 할 일이 아닌 것 같다! 차라리 컴퓨터 게임이나 하자!'

2009년 아버지 권유로 해병대 입대,
전우애와 협동심 함양하며 극기력 키우고

2009년 대학교 1학년을 마치고 그 해 겨울 필자는 해병대에 입대했다. 해병대를 선택한 이유는 해병대 출신인 아버지께서 "남자는 반드시 해병대를 가야 한다!"라고 강력에게 권하셨기 때문이다. 아버지께서 필자에게 해병대를 가야 하는 이유에 대해 자신의 경험에서 우러나오는 생각을 말씀하셨다.

"나는 해병대에서 동료들과 훈련을 받으면서 인내심과 협동심, 그리고 노력하는 자세를 배웠다. 특히 해병대는 내 인생을 바꿔준 하나의 계기였다. 전역 후 공사장에서 일을 마치고 집으로 돌아가는 길에 해병대 전우를 만났다. 그 친구의 소개로 기아자동차에서 정규직 직원으로 들어가 지금까지 근무하고 있단다."

해병대 친구를 통해 인생의 전환을 맞이한 아버지는 해병대가 자신의 인생에서 최선의 선택이었다고 생각하신다. 그래서 필자가 대학 1학년에 되었을 때, 아버지께서 해병대에 입대할 것을 요청하면서 말씀하셨다.

"네가 해병대에 가지 않는다면, 우리 집에서 호적을 파겠다!"

그건 권유가 아니라, 일종의 명령이었다. 20살이 되도록 아버지께서 필자에게 그렇게 강력하게 뭔가를 강요하는 것을 본 적이 없었다. 그런 이유로 필자는 해병대가 어떤 곳인지는 몰랐지만, 아주 중요한 곳이라고 생각했다. 아버지께서 자식인 나에게 잘 못되게 가르치신 적이 없기 때문에 필자는 해병대가 어떤 곳인지를 잘 몰랐지만, 아버지의 요청을 따르기로 했다. 필자가 해병대에 입대할 결심을 하고 아버지에게 생각을 비치자, 다시 한 번 필자에게 말씀하셨다.

"해병대가 훈련이 힘든 곳이지만, 세상을 살아가기 위해서 남자는 힘든 위기를 극복할 수 있는 인내력과 강인한 정신력을 가져야 한다. 해병대 훈련을 받으면서 동료들과 어려움을 극복하는 과정을 거치며 협동심과 함께 동료에게 피해가 가지 않도록 노력하는 자세를 배우게 된다. 그래서 해병대 친구들은 평생 피를 나눈 형제와 같은 관계가 된다."

2년 동안 해병대에 근무하면서 필자는 아버지께서 말씀하신 모든 점을 이해했다. 그래서 아버지께서 필자에게 해병대를 가도록 권해주신 점을 감사하게 생각했고, 이제는 필자도 아들에게 해병대 입대를 권유할 생각이다.

해병대 입대 후 첫 휴가 때
아버지 권유로 100만원 증권 계좌 개설

2010년 여름 필자는 해병대에 입대한 후 신병 위로 휴가를 나왔다. 아버지와 안산 상록수역에서 점심을 먹고 난 후, 아버지께서 필자에게 제안하셨다.

"너 주식을 해보면 어때?"

필자는 망설이지 않고 아버지에게 대답했다.

"좋아요!"

그 길로 필자는 아버지와 함께 안산 중앙동에 있는 한화증권에서 100만원으로 첫 증권계좌를 개설했다. 그리고 아버지께서 말씀하셨다.

"그 통장으로 증권을 해서 경제개념도 가지고, 증권 거래 경험을 쌓도록 하면 된다. 네 마음대로 한 번 증권을 사고 팔아보거라!"

필자 이름으로 증권 계좌를 개설한 이후 첫 매수 종목은 LG U+ 였다. 당시 LG U+ 1주 가격이 4300원이었다. 당시 증권 시장을 이해하기 위해 여의도 한국거래소에 가서 호가표에 직접 손으로 써서 LG U+ 주식을 산 후, 안산 한화증권 매장을 방문해 주가의 변화를 지켜보기도 했다. 3박4일의 휴가 기간 동안 필자는 증권계좌를 만들고 주식을 사고 등락을 지켜보며 증권에 입문했다.

그 해 겨울 무렵 두 번째 휴가를 나와서 보니 주가가 올라 있었다. 필자는 주식을 팔아서, 평소 좋아하는 친구 16명을 불러 모아 그 돈으로 술을 마시며 오랜 만에 친구들에게 한턱 쐈다. 첫 번째 주식을 매도한 후 필자는 두 번째 주식 SK하이닉스를 매수했다. 그리고 2011년 다음 휴가를 나와보니, SK하이닉스 주가가 제 자리에 머물고 있었고, 전혀 수익이 없었다. 필자는 SK하이닉스를 오래 보유하다가 매도했고, 필자의 첫 증권계좌는 2013년까지 운영했다. 필자는 지금도 나의 첫 증권계좌를 휴면상태로 보유하고 있다.

아버지의 가르침대로 첫 증권 계좌를 통해
주식 공부하며 기업과 증권관계 이해

당시 아버지께서 계좌를 만들어주시면서 하신 말씀이 있다.

"이 계좌에 네 돈을 더 넣지 말고 운용을 해보거라! 돈을 까먹어도 좋으니, 경험을 쌓은 후 다시 직접 네 계좌를 만들도록 하거라!"

필자는 아버지께서 그렇게 말씀하신 뜻을 당시는 잘 몰랐다. 그런데 지금은 그 뜻을 헤아릴 수 있을 것 같다. 당시 아버지께서 말씀은 하지 않으셨지만, '경험을 통해 너의 주식에 대한 지식과 견해를 가지고 온전히 너의 계좌를 만든 후 아버지를 넘어서는 증권투자자가 되어 보아라!'라는 뜻을 가지고 계셨으리라.

아버지의 가르침대로 필자는 첫 증권 계좌를 가지고 기술의 흐름과 세상의 판도에 따라 주식투자를 했고, 그 돈으로 친구들에게 술도 사고, 아버지 자랑을 하며 재미있게 놀았다. 그리고 그 계좌를 통해 한국 금융계의 본산인 여의도를 방문해 증권 투자자로 데뷔했고, 아버지께서 그러하시듯, 2010년부터 군대에서 주식을 공부하면서 스스로 증권 거래에 필요한 원칙을 세우기 시작했다. 2010년 여름 이전까지 주식과 기업에 대해 별 다른 지식이 없던 그 즈음 필자가 배운 것은 3가지다.

첫 번째, 주식으로 돈을 벌 수 있다.

두 번째, 국내에 유수의 기업이 있고, 해외에도 유수의 기업이 있다. 그리고 무엇보다, 한국 상장기업의 시가총액을 다 합해도 미국 최대 기업의 시가총액보다 규모가 작다.

세 번째, 돈이 있으면 돈을 벌 수 있고, 자본주의 사회에서는 부익부빈익빈의 사회적 부조리가 생길 수 밖에 없다.

물론 배움은 있었지만, 그 때는 10년 후 스스로 어떤 사람이 될 것인가에 대해서는 생각하지 못했다. 다만 이후 매년, 매달 아버지의 가르침을 기반으로 내가 할 수 있는 만큼의 증권 공부와 투자를 하면서 증권 투자자로서 경험과 식견을 넓혀갔다.

재능과 꿈 키우기 07
MVP구단 프로게이머하고,
아프리카 TV BJ로 재능 연마

고등학교 재학 중 필자는 학교 다닐 때 상위권 성적을 유지하는 것을 원칙으로 삼았다. 아이들과 놀 때는 빠지지 않고 신나게 놀기도 하면서, 학업과 오락에 능한 학생이었다. 활발한 성격과 하고 싶은 일은 반드시 하고야마는 끈기와 열정, 그리고 성장과정 중 실행하면서 얻게 된 '무엇이든 스스로 할 수 있다'는 자신감이 필자를 그렇게 만든 것 같다.

재능연마1 _ 군대 제대 후 복학 전 MVP 게임구단과 계약하고 프로게이머 데뷔 필자는 대학 1학년을 마치고 2009년 12월에 해병대에 입대했다. 군복무를 마치고, 2011년 12월 전역을 한 후, 다음 해 3월에 학교에 복학하기 전에 새로 시작한 것이 있다. 당시 아이들 사이에서 유명했던 미국산 온라인 게임 '리그오브레전드League of LegendLOL'였다. 처음에는 베타버전으로 시작해 3개월 정도 플레이를 학습한 후 대회에 출전했다. 그리고 무엇보다 1:1게임으로 시작해서, 익숙해진 후 5:5로 하는 다자게임을 즐겨서 하게 되었다. 그 이유는 1:1 게임은 단조로운 반면, 5:5 게임은 여러 사람의 머리에서 나오는 전략이 다양해서 시뮬레이션하는 재미가 있었고, 도전하고 싶은 승부욕이 생겼기 때문이다.

MVP블루팀 프로게이머로 온게임넷 대회에서 예선 탈락 후,
팀 와해되며 구단 탈퇴

2012년 봄 필자는 프로게임구단 MVP에 입단 후 온게임넷이라는 기획사에서 개최한 대회에 출전했다. 대회에 우승한 팀에게는 세계대회 출전 자격과 상금 1천만원이 주어졌다. 필자는 그 해 당당히 MVP 블루팀원으로 대회에 출전했으나, 우리 팀은 성적 부진으로 8강에도 못 들어가고 예선에서 탈락했다. MVP 블루팀 정도되면 최소한 예선을 통과해야 하는데, 그 해 우리는 예선에서 탈락했다. 그 일로 우리 팀원들의 사기는 땅에 떨어졌다. 그 여파로 팀원들이 구단을 탈퇴하는 사태가 벌어졌다. 급기야 MVP 팀은 와해 지경에 이르렀다. 팀의 사기가 떨어지고 팀원이 탈퇴하면서 필자도 입단 7개월만에 MVP구단에서 탈퇴했다.

　게임대회 예선 탈락이 필자가 구단에서 탈퇴한 표면적인 이유였지만, 사실은 구단에 하루 종일 시간적으로 예속되는 것이 가장 큰 부담이었다. 대학에 재학 중이었던 필자는 당시 학교 수업도 받아야 하고, 증권 거래하는 시간도 필요했다. 게임, 증권, 학교 수업의 비중을 5:4:1로 두고 생활했지만, 학교 수업 이외에 낮 시간에 게임에만 시간을 사용하기에는 해야 할 일이 많았다. 그래서 예선 탈락과 팀원 해체 이유를 들어 필자는 지체하지 않고 MVP구단에서 탈퇴했다.

재능연마2 _ 2012년 여름부터 아프리카TV BJ로 데뷔, 'Crowd Controler'로 역할

　게임구단에서 탈퇴한 후 필자는 다시 새로운 도전을 시작했다. 그해 여름방학 때부터 당시 젊은 게이머들에게 인기 있었던 아프리카 방송에 게임 BJ로 데뷔했다. 이미 게임계에서 유명해졌기 때문에, 필자가 MVP에서 탈퇴한 것을 알고 아프리카TV에서 BJ 데뷔를 제안했다. 아프리카 TV에서 필자는 'Crowd Controler'이란 닉네임으로 활동했다. 게임을 하면서 각각의 게이머들을 제어하는 역할이 필요했고, 그 역할을 'Crowd Controler'인 필자가 했다.

　인기있는 BJ가 되는 비결은 게이머들에게 쉽게 게임에 대해 설명해주는 한편 참여하는 게이머들의 흥미를 고조시켜주는 것이다. 필자의 방송 시간은 월요일부터 금요일 주중 오후 7시부터 9시까지였다. 이때 40분 게임을 평균 4-5편 하기 때문에 거의 3시간 동안 시청자들과 함께 게임을 이끌어 갔다. 게이머로 활동하면서 게임하는 방법에 대해서는 충분한 아이디어가 있었기 때문에, TV 시청자들에게 '리그오브레전드' 게임 팁을 알기 쉽게 친절히 설명했다. 게다가 시청자들이 흥미를 느끼도록 재치있는 말로 유머있게 이슈를 설명했기 때문에 시청자들이 계속 증가했다.

재능연마3 _ 시나리오 직접 구상하며 재치있는 멘트로 시청자들과 공감대 형성

게다가 방송을 이끌어가는 시나리오는 BJ가 스스로 구성하기 때문에 필자는 개인기를 기반으로 먹방, 토크, 게임 팁 등 다양한 컨텐츠로 시청자들의 관심을 끌고 방송의 재미를 제공했다. 처음에는 방송 이름을 '전 프로게이머 롤방송'으로 운영하다가, 2-3개월 후 부르기 쉽도록 PING라는 이름으로 바꿨다. 그래서 사람들이 BJ인 필자를 '핑아'라고 호칭했다.

재미있게 방송을 운영하다 보니 시청자 숫자가 날이 갈수록 증가했다. 특히 당시 게임방송이 인기를 누리게 된 계기는 게임을 하면서 채팅이 가능했기 때문이다. 게임을 하면서 필자는 댓글을 달아준 시청자들의 이름을 방송에서 불러 주며 존재감을 부각시켜 주었다.

그러자 필자가 이름을 불러준 시청자들이 100원하는 별풍선을 구매해서 선물로 쏘기도 했다. 시청자들이 필자에게 쏜 별이 월 백만 개가량 되는 달은 방송 수입이 1백만 원 이상이 되었다. 게다가 프로그램 시청자들이 증가하자, 방송 시간에 광고를 하는 IT기업도 생겼다. 광고주 타이틀을 방송 상단에 띄워서 홍보를 했고, 광고비는 시청자수에 따라 1백만원까지 오르기도 했다.

재능연마4 _ 아프리카TV '100위권 Best BJ'되어 월 수입 1천만원 달성, 재능 발휘

몇 달 후 필자는 아프리카 TV에서 '100위권 Best BJ' 가 되었다. 고객들에게 인기있는 방송으로 인정받으며, 후원금을 300-400만 원까지 받기도 했다. 게임 프로그램 BJ를 한지 5-6개월이 지난 후 프로그램 수입이 1천만원에 육박할 정도까지 상승했다. 2012년 연말이 되면서 필자는 아프리카 게임방송 BJ로 한껏 주가를 올리고 있었다. 그 즈음 필자는 대중에게 인기를 누리는 재미를 한껏 즐기는 가운데, 스스로 재능이 많은 사람이라는 생각을 하기까지 했다. 그러나 재미있게 운영하던 아프리카 TV BJ생활을 접어야 할 시기가 다가왔다.

재능연마5 _ '견문을 넓혀야 한다'는 아버지의 의견 수용, 캐나다 어학
연수 떠나

2013년 봄이 되면서 필자는 부모님께서 조언한 인생 체험을 하기
로 했다. 평소 아버지께서 필자에게 제시한 삶의 원칙이 있었다.

'너는 큰 물에서 살아야 하고, 서울에서 일하며, 집도 서울에서 살
아야 한다. 그런 삶을 살려면 항상 견문을 넓혀야 한다!'

아버지께서 제안하신 견문을 넓히기 위해, 필자는 대학 3학년 여
름방학 때 캐나다로 어학연수를 떠났다. 솔직히 당시 아프리카TV
BJ 일에 푹 빠져있었기 때문에 어학연수를 반드시 가야 한다고 생각
하지 않았다. 그러나 자식의 미래를 생각하는 부모님을 실망시키고
싶지 않았고, 견문을 넓히고 싶은 생각도 있었다. 그러나 2013년 3
월 15일 오후에 캐나다로 어학연수를 떠나기 전날까지 아프리카TV
에서 게임 BJ를 했다.

결국 대학 3학년 여름 7개월 동안 정말 신나고, 재미있게 빠졌던
게임 BJ 생활은 캐나다 어학연수를 떠나면서 끝났다. 당시 시중에서
가장 인기였던 게이머 페이커는 지금도 연봉 100억을 받는 프로 게
이머로 활동하고 있다. 대학 생활을 하면서 미래의 길을 정하기 전
에는 가끔씩 '나도 페이커처럼 게이머로 계속 활동했더라면!'하는
후회를 하기도 했었다. 그 때는 페이커가 세상에서 가장 성공한 사
람, 잘난 사람으로 보였기 때문이다.

[표4-7 재능연마하는 방법과 이유]

◆ 재능연마팁 ◆

어떻게 내가 가진 재능을 발견하고
진로를 결정할 것인가?

---

01. 초등학교 때부터 게임, 운동, 미술, 음악, 아르바이트, 코딩, 여행, 요리, 독서, 글쓰기, 도구 만들기 등 각자가 관심있는 일을 해본다.

02. 학업은 학교 수업만 해도 무방한 만큼, 방과 후 모든 학생이 수능학원에 갈 필요 없이 각자 하고 싶은 아르바이트를 해보자.

03. 학자가 될 생각이 없더라도 위인전, 성공한 기업가 등의 책을 읽어서 간접경험을 하며 세상에 대한 안목을 키우자.

04. 반드시 부모님이 하시는 일이나 주변의 업체에 가서 아르바이트를 하면서 노동하는 즐거움을 얻고, 사회를 체험하면서 각자 어떤 일을 하면 즐거운지, 어떤 재능이 있는지 발견하자.

05. 각자 재능을 발견했다면 앞으로 어떻게 살고 싶은지 생각해보고, 미래 진로를 정하는데 반영해보자.

06. 부모님이 반대하면, 각자 하고 싶은 일을 당당하게 설명하고 부모님을 설득하자.

재능과 꿈 키우기 08
캐나다 밴쿠버 어학연수 후,
진로 결정하고 한국에 돌아오다

  2012년 대학에 복학해 2학년에 등록한 후 부모님께서 호연지기를 키우도록 캐나다 어학연수를 다려오라고 말씀하셨다. 당시 캐나다 토론토에 큰 이모님이 살고 계셨다. 그래서 이모 집에서 홈스테이를 하며 근처 대학 어학코스에 유학하여 영어를 배우고 여행도 하며 문화체험을 하는 연수과정을 하기로 했다.

아프리카 TV BJ 마지막 시간까지 하고,
다음 날 캐나다항공 타고 어학연수 떠나

  아프리카 100대 BJ로 인기를 한참 끌던 2013년 초 학교에 후학

계를 내고 3월 중 필자는 캐나다로 어학연수를 떠났다. 목표는 영어를 배우는 가운데, 외국 친구도 사귀고 캐나다 여행도 하면서 견문을 넓히는 것이었다. 2013년 3월 15일 한국을 떠난 비행기는 이틀 뒤 캐나다 공항에 도착했다.

그러나 도착 첫날부터 생각하지 않았던 해프닝이 발생했다. 필자가 탄 비행기 캐나다에어라인에 한국 승무원이 없었다. 생전 처음 국제선을 탑승한 필자는 당연히 세관서류 쓰는 법을 몰랐다. 게다가 세관 서류가 영어로 되어 있어, 그 뜻도 알 수가 없었다. 그래서 필자는 세관 서류를 쓰지 않고 비행기에서 내려서 출입국 대열에 섰다. 등치가 큰 공항의 직원이 영어로 여러 가지 질문을 했다. 필자는 질문의 뜻을 모르면서 무조건 "예스"라고 대답했다. 그러자 그 중에 필자가 궁지에 처한 질문이 있었던 것 같다. 세관 서류를 써 본 사람이면 모두 알 수 있는 항목이다.

"당신 가방에 불법 마약류나 총기를 소지하고 있습니까?"

영어 이해 못해 총기 소지자로 의심되어
공항에서 1시간 억류 후 출국장으로

필자는 영어 질문의 뜻도 모르고 계속 "예스"라고 대답했다. 그랬더니 출입국 직원이 필자를 데리고 공항 내부에 있는 사무실로 들어갔다. 여전히 필자와 그들과 대화가 되지 않았기 때문에 한국어 통역을 불러 다시 질문을 했다. 통역이 들어오자 이제는 그들의 질문에 제대로 답변을 할 수 있었다. 그리고 무엇보다 어머니께서 한국을 떠나기 전날 이모에게 주라고 가방에 넣어준 편지를 통역에게 주었더니, 그제서야 필자가 캐나다에 어학연수 받기 위해 온 학생인 것을 알게 되었다.

약 1시간 정도 공항 사무실에서 억류되어 그들이 필자의 여행 목적을 파악한 후에, 출입국 부츠를 통과하여 출국장으로 나갈 수 있었다. 출국장에 필자를 마중 나온 이모부를 보고 너무 반가운 나머지 흥분을 해서 "이모부!"라고 크게 소리내어 불렀던 기억이 아직도 생생하다. 1시간 동안 공포에 싸여 있던 필자는 이모부를 보면서 그제야 안도의 숨을 쉬며 본연의 나로 돌아갈 수 있었던 것 같다.

그 때 그런 해프닝이 벌어진 것은 필자의 실수였다. 공항에서 1시간 이상 억류된 후 필자는 그제서야 공항출입국 심사에 대해 사전 지식을 얻지 않은 것에 자책감을 갖기도 했다. 공항에서 나오면서 필자는 각오를 다졌다.

'다시는 영어를 몰라서 오늘과 같은 일을 겪지 않도록 여기서 3개월 동안 영어에 대해 달인이 될 수 있도록 공부하자! 아버지, 어머니께서 어학연수를 보내 준 뜻이 의미가 있도록 해야 한다!'

여행 후 대학입학 가능한 토론토 소재 SFU대학 3개월
'영어문화과정' 등록

  필자가 등록한 어학연수 코스는 토론토 이모 댁에서 차로 1시간
30분 거리에 있는 SFUSimon Fraser University대학의 영어문화
프로그램 English Language Culture ProgramELCP 이었다. 월요
일부터 금요일까지 하루 3시간 영어 연수를 받은 후, 원한다면 대학
입학이 가능한 프로그램이었다.

  필자는 캐나다에 도착한 후 바로 여행을 한 후 4월부터 3개월 동
안 어학코스에 등록해 영어 공부를 했다. 3월에 어학코스에서 학업
을 하면서 영어를 못해서 힘들었던 사례가 하나 더 있다. 하루는 토
론토 시내로 투어를 갔다가 화장실을 가고 싶었으나, 영어로 화장실
이란 단어를 몰라서 한참 헤매기도 했다. 그 때도 필자는 '앞으로 3
개월 동안 영어만 집중적으로 공부해서 다시는 이런 힘든 상황이 발
생하지 않도록 해야겠다!' 라고 다짐했다.

영어 마스터 결심하고,
3개월 동안 매일 200개 1만2천개 단어와 영어 문장 반복학습

  캐나다에 가기 전 특별히 영어 공부를 한 적이 없었던 필자는 그
때부터 초보자가 해야할 단어와 기본문장 외우기를 하며 영어학습
전략을 세웠다. 필자가 선택한 방식은 반복학습이었다. 매일 1시간

30분동안 이모집이 있는 써리SUREY역에서 기차를 타고 학교로 오가는 3시간 동안 영어단어 200개와 문장을 읽고 외우기로 했다. 하루 200개 단어를 금요일까지 매일 전날 외운 단어를 합하여 200개, 400개, 600개, 800개, 1,000개를 다시 읽고 외우며 반복적으로 학습했다.

그렇게 해서 필자가 어학코스를 다닌 3개월 동안 거의 1만 2천개 단어를 접하고 외우게 되었다. 그리고 그렇게 암기한 단어가 들어가는 문장을 외우고 반복 연습하면서, 영어로 소통할 수 있는 역량을 키워갔다. 태어나서 가장 열심히 영어공부를 한 것이 이 기간이었다. 비록 기간은 3개월이었지만 영어를 능통하게 해야겠다는 의지를 가지고 집중했기 때문에 어느 정도 영어로 의사소통 할 수 있을 정도가 되었다.

혼자 공부한 영어로
외국인 유학생과 대화하여 영어에 자신감 가져

어학코스에 등록한 학생은 40명 정도였는데, 한국인을 비롯해 중국인, 베트남인, 일본인 등 아시아의 다양한 국적을 가진 학생들이었다. 이 중 중국인이 8명 정도로 가장 많았는데, 필자는 주로 한국인은 물론 중국인 학생들과 대화를 나누었다. 캐나다에 도착한 날부터 영어로 인해 곤경에 처했던 필자는 큰 결심을 하고 영어 공부에 집중했기 때문에 다른 외국인 학생들에 비해 영어 말하기와 쓰기를 잘 하게 되었다. 그리고 서툰 영어지만, 영어로 계속 대화를 나누면서 자신감이 붙어서 등하교 길에 외운 단어를 조합해 새로운 문장을 구사하며 영어실력을 키워갔다.

3개월 서빙 아르바이트 하면서 영어권 사회 체험 후, 한국으로 돌아오기로 결정

그 해 4월에 어학코스에 등록해 영어공부에 집중하면서 3개월이 될 즈음 필자는 새로운 사실을 깨달았다. 영어 공부에 집중해 실력이 날로 좋아졌고 영어에 자신감을 갖게 되었지만, 경제적 대가가 없는 공부에는 별로 흥미를 느끼지 못한다는 점이다.

그래서 어학연수 후 더 이상 학교에서 공부를 하지 않기로 했다. 대신 어학코스를 마칠 7월 즈음 시내 레스토랑에 가서 파트타임으로 서빙 아르바이트를 했다. 시급 14,000원, 하루 10시간 아르바이트를 하니, 한달 280만원의 용돈벌이가 되었다. 아르바이트를 하면서 영어도 배울 수 있어 잠시 '여기서 아르바이트를 하면서 한동안 돈을 벌어볼까?' 하는 생각도 했다. 그러나 7월부터 아르바이트를 하면서 1달 후에는 '여기서 더 이상 내가 할 것이 없다'라는 결론을 내리고 한국으로 돌아오기로 결정했다.

아르바이트 마친 후
2달간 캐나다와 미국 버스투어

아르바이트를 하면서 모은 돈으로 캐나다를 떠나기 전 2달동안 필자는 캐나다와 미국 여행을 했다. 어학연수를 끝내고 1주일간 여행을 준비했지만, 기후변화와 교통 때문에 일정에 차질이 생기기도 했다. 여행은 2달간 캐나다에서 뉴욕을 거쳐 시애틀과 미국 서부까지 투어한 후 다시 뉴욕으로 돌아오는 버스 투어였다. 버스 여행을 하면서 함께 간 사람들과 영어로 대화를 나누면서 북미 대륙의 광활함과 지역적 다양함을 몸과 눈으로 확인했다. 여행을 하면서 지금까지 필자가 살던 한국 땅과 다른 대륙의 문화와 자연환경을 체험했다.

2013년 8, 9월 2달간의 북미 대륙 여행을 통해 필자는 정말 많은 것을 얻었다. 무엇보다 여행의 묘미를 한껏 누리게 되었다. 그 여행 경험으로 인해 필자는 이후 한국에 돌아와 20대 후반에 한국 곳곳을 여행하며 친구도 사귀고 많은 것을 배웠다. 그리고 그 여행을 통해 필자는 무엇보다 영어에 대한 불안을 떨쳐버리게 되었고, 오히려 영어권에서 아무런 두려움 없이 살 수 있다는 자신감도 얻게 되었다.

특히 가는 곳마다 아름다운 자연환경은 물론 현지인들의 삶의 모습과 행동양식을 지켜 보면서 그들의 라이프스타일과 문화를 파악하게 되었다. 광활한 대륙에 살고 있는 그들은 결코 서두르거나, 뛰지 않았다. 그들은 여유를 가지고 자신의 라이프를 즐기며 살고 있었고, 그들의 얼굴에는 여유가 있었고 현재의 삶에 만족하고 있었다.

2달간 북미대륙 버스투어하며,
'어느 곳에서도 살아갈 수 있겠다'라는 자신감을 얻고

캐나다와 미국의 북미대륙 2달 간의 여행을 마치고 필자는 성취감과 자신감을 얻고 토론토 이모 집에 도착했다. 2달 동안 난생 처음 북미대륙의 자연과 현지 사람들의 생활모습을 목격했고, 그 속에 혼자 떨어져도 살아갈 수 있겠다는 자신감을 얻었다. 그리고 여행에서 돌아와 필자는 한국으로 돌아갈 준비를 하면서 토론토의 거리를 걷고 카페에서 사색하면서, 캐나다와 미국에서 보고 배운 점이 무엇인지 정리하는 시간을 갖기도 했다.

캐나다에서 잠시 아르바이트를 하고 2달간의 여행을 하면서 캐나다와 미국의 호텔과 레스토랑을 이용했다. 이 때 필자는 그들의 직업 의식이 우리와 다름을 느꼈다. 한국인들은 대개 정규직과 풀타임 일자리를 인정하는 반면 북미에서는 파트타임 잡을 인정하고 더 선호하는 사람도 있었다. 아마도 그런 여유는 넓고 풍요로운 땅이 가지는 국가적 부유함에서 오는 것일 수도 있다. 그런 한편 생활과 현실에 속박당하지 않는 가운데 삶의 만족과 가치를 추구하고자 하는 그들의 가치관 때문이 아닐까 싶었다. 어떠한 이유가 되었던 필자는 그들의 여유와 삶에 만족하며 살아가는 모습이 보기 좋았고, 한편으로 부럽기도 했다.

◆ 제 5 장 ◆

21살에 증권투자 시작,
실패를 통해 거듭난 투자훈련기

투자훈련 01
21살 때 첫 증권거래로
유망기업, 글로벌 주식시장, 돈의 흐름 파악

21살되던 2010년 2월 해병대 입대 후 첫 휴가를 나와 개설한 증권계좌를 통해 필자는 생애 최초로 주식을 사고 팔면서 주식의 시장 가치를 이해하게 되었다. 아버지의 제안대로 필자는 스스로의 지식과 생각에 기초하여 100만원으로 LGU+를 샀다. LGU+를 산 이유는 대학 1학년 때 학과 수업에서 주파수 공부를 하면서 그 가치를 이해했기 때문이다. 당시 KT, SK, LGU+ 국내 3대 통신사가 인공위성을 쏘아 각자 주파수를 가지고 통신사업을 영위했다. 이 때 SK가 가장 가입자가 많았고 주가도 높은 반면, LGU+의 주식은 4000원 이하의 가격으로 저평가되어 있었다. 필자는 LGU+가 향후 투자를 하면서 기업 가치가 상승할 것으로 보고 LGU+를 매수한 것이다.

첫 주식 투자 후

주식이 돈이 된다는 점에 주목하며 공부 시작해

그 해 10월 휴가 때 나와 주식을 보니 LGU+ 주가가 70%정도 올라 있었다. 두 번째 산 주식은 삼성전기였다. 전자공학도였기 때문에 학교에서 전기에 대해 공부를 했고, 산업사회에서 전기가 소중하고 경제적 가치가 있다는 점을 주지했다. 당시 삼성전기는 국내 최대의 전기 관련 기업이었고, 고층빌딩이 계속 들어서는 만큼 전기에 대한 수요도 계속 증가하고 있었다. 그래서 필자는 삼성전기가 생산하는 케이블 비즈니스도 계속 성장한다는 점에 주목했다.

주식을 시작하면서, 사두기만 해도 상승하여 수익을 주었기 때문에 필자는 비로소 주식이 돈이 된다는 사실을 이해하게 되었다. 그때부터 주식공부를 하기로 마음먹고 군대로 돌아가서 주식공부를 시작했다. 군대는 보통 6시에 저녁식사를 하고 7시부터 취침 전까지 자유시간이 주어진다. 대개 저녁 시간에 병사들은 체력단련을 위해 운동을 한다. 필자는 저녁시간을 이용해 주식공부를 시작했다. 주식공부와 병행하여 군대 내에서 사이버 지식방에 들어가 미국 주식도 찾아보았다. 이때 아마존, 익스프레스, MS 등의 글로벌 주식에 대해서도 공부했다.

주식 공부하면서
경영의 그루의 책도 읽고 투자 지식과 경영 마인드 습득

    주식 공부를 하면서 경영과 주식의 그루들의 가르침을 배우기 위해 독서도 했다. 당시 첨단산업 분야의 글로벌 리더로 불리던 빌 게이츠와 스티브 잡스의 책을 읽기 시작했다. 당시 필자가 읽은 책은 빌 게이츠와 워렌 버핏 공저인 『빌 게이트 & 워렌 버핏, 성공을 말하다』이다. 이 책에서 빌게이츠나 워렌 버핏과 같은 주식과 경영의 그루들이 미래의 산업 주도주는 바이오와 신약주라고 말했다. 또한 그 때 읽은 스티브 잡스의 『스티브 잡스처럼 생각하라』는 필자가 증권을 시작하면서 갖게 된 습관과 경제마인드를 갖게 된 하나의 계기가 된다. 예를 들면 스티브 잡스의 책에서 읽은 한 구절이 기억난다.

    '새벽에 일찍 일어나서 하루를 준비하라!'

    필자가 주식투자를 하면서, 부지불식간에 책에서 읽은 지식들을 생활과 주식투자에 적용하기 시작했다. 그 대표적인 사례가 26살 즈음 주식투자에서 실패를 하고 자살을 생각할 정도로 자신감을 잃고 있었을 때, 나를 다시 일으켜 세운 말 '초심으로 돌아가는 것'이었다. 그 때 필자는 생각했다.

    '다시 시작하자!'

    '먼저 빚을 갚을 수 있는 방법을 찾자!'

    '먼저 아침 일찍 일어나 할 수 있는 일을 찾자!'

'그리고 학교에 가서 수업에 들어가고, 주식공부도 다시 하자!'

'패배를 거울삼아 다시 일어나보자!'

이 때 스티브 잡스가 '새벽에 일찍 일어나 하루를 준비하라!'는 말이 주마등처럼 스쳐 지나가면서 필자를 다시 일으켜 세웠다.

두 번째 주식 투자를 통해, 주식은 미래가치를 보고 움직인다는 점 파악

그러나 두 번째 휴가를 나왔을 때 삼성전기 주가를 보니, 생각과 달리 오히려 손실을 봤다. 그래서 친구들에게 필자가 술을 못 사고, 대신 다른 친구가 술을 샀던 기억이 있다. 이 때 주식의 등락 체계를 이해하게 되었다. 주식은 단순히 기업 가치나 매출에 따라 상승하기 보다는 미래 가치를 보고 움직인다는 점을 깨달았다.

'주식은 선반영이다'

삼성전기는 2011년 4월 경 매도하고 경영과 주식의 그루들의 전망을 믿고 바이오주 녹십자와 제약주를 매수했다. 물론 제약주와 바이오는 이후 약 40% 이상 상승해 있었다. 그래서 다음 휴가 때 주식을 판 돈으로 오랜 만에 만난 친구들에게 거나하게 쏠 수 있었다.

바이오 주 30% 상승 확인하며,

반도체 10배 규모인 제약과 바이오 주 시장가치 이해

2011년 봄 휴가를 나와서 바이오주를 매수했고, 9월 말에 휴가를 나와서 보니 주가가 30% 상승해 있었다. 당시 사스와 애볼라 바이러스와 같은 신종 바이러스가 생겨서 바이오, 제약주가 뜨고 있었다. 그 때 바이오 제약산업의 시장 규모는 반도체, 스마트폰, 조선업보다 훨씬 크다는 점을 파악했다. 당시 신약 파이프라인 시장 규모가 100조였다면, 2020년대 초에는 1,000조를 넘어 경단위에 이른다. 신약이나 바이오 관련 시장은 전세계적인 규모일 뿐 아니라, 장기종목이기 때문이다. 특히 고령화 시대에 건강과 관련있는 바이오 제약주는 계속 상승세에 있다. 이에 비해 갤럭시나 아이폰 규모는 10조 미만 규모이다.

군복무 기간 중 필자는 책을 읽고 공부를 하면서 경제 마인드를 키우고 증시 트렌드에 대한 지식을 갖게 되었다. 이 때 증권 마인드, 증권 지식, 종목의 특성과 트렌드, 그리고 산업의 시대적 흐름을 파악하게 된 것이다. 거시 경제 지표와 증권 정보를 파악하는 가운데, 증권과 경영 그루의 책을 읽으면서 경제마인드를 갖고 증권의 가치를 이해하게 된 것이 가장 큰 수확이다. 이 모든 것이 해병대 첫 휴가 때 아버지의 제안으로 개설한 증권계좌로부터 비롯되었다. 21살에 시작된 군대 생활 중 주식공부를 통해 필자는 몇 가지 사실을 파악하고 증권계의 범위와 시장의 메카니즘을 터득했다. 특히 '돈이 돈을 번다'는 사실과 국내에 한정된 시각을 해외 시장으로 확장할 수 있었다.

투자훈련 02
교수님 추천으로 인턴십하고 증권 투자하며,
인생의 진로 탐색하다

　2012년 군 제대 후 복학하기 전인 12월부터 2013년 3월 연수를 가기 전까지 게임을 하면서도 하루 2시간씩 HTS에 들어가 주식거래를 했다. 학교에서 수업이 없는 시간에는 전산실에 가서 주식을 했다. 이 때 필자는 HTS 화면의 메뉴를 모두 익히려고 노력했다. 당시 필자는 챠트의 패턴이 있음을 발견하고, 1년 동안 패턴의 움직임을 예의주시했다. 학습을 하며 패턴을 통해 주가 예측이 가능함을 이해했다. 그 결과, 과거에 없던 시세가 나오면서 변곡점을 찍은 후 계속 상향하는 돌파형 매매 패턴을 파악하게 되었다.

캐나다 어학 연수 마치고 돌아와 게임하며,
주식 투자와 학업 계속

특히 2013년 복학 후 필자는 하루 5시간 이상 당시 젊은이들에게 인기가 있었던 미국 게임 리그오브레전드에 빠지기도 했다. 그래서 7개월간 게이머가 되어 대회도 나가보고 한껏 기량을 발휘했다. 그러나 그 때도 하루 2시간씩 꾸준히 주식투자를 했다. 복학 후 주식투자를 계속했지만, 본격적으로 주식에 집중한 것은 캐나다 어학 연수를 마치고 돌아온 후인 2014년 3학년에 복학하면서부터다. 이 때는 오로지 학업과 주식투자에만 집중했다. 3학년이 되면서 주식투자를 하면서, 졸업을 하기 위해 학과공부에 치중하고 취업 준비를 했다.

기아차 생산부에서 1년간 주말 아르바이트한 후,
재능을 펼치며 돈 버는 일하기로 결심

2013년 복학 후 아버지께서 근무하시는 기아자동차 생산라인에서 아르바이트를 하면서 학점인정제도를 통해 3개월 방학을 허가받았다. 이 때 필자는 기업에서 어떤 일을 하는지 체험하며 향후 진로를 생각했다. 기업에서 생산직 아르바이트를 하면서, 하루 종일 일정한 업무와 역할을 담당하는 정규직은 별로 재미가 없어 보였다. 그보다는 매일 새로운 환경에서 새로운 체험을 하고 도전하는 가운데, 살아가는 일이 더 재미있을 것이라고 생각했다. 게다가 필자는 돈을 많이 벌어서 하고 싶은 일도 하면서, 주변 사람들과 함께 풍요롭게 사는 인생을 꿈꾸었다.

2014년 3학년때 특별한 일은 취업을 위해 기업에서 인턴십을 한 것이다. 인턴십은 일도 배우며 경험을 쌓는 가운데, 취업 시 가산점을 받을 수 있는 조건이 되기도 했다. 그 해 여름 학교의 추천으로 필자는 안성에 소재하는 산업용 자동차 안테나 제조회사 KMW에서 인턴을 했다. 이 때 밤을 새며 일하는 부당한 대우를 받기도 했다. 필자는 정규직원이 아닌 인턴 사원임에도 불구하고, 정규 직원처럼 야근을 시켰기 때문에 그 부당함에 항의했다. 그러나 시정이 되지 않아 소개해준 교수님에게 문제점을 제기해서 해결했다. 동기 학생 3명과 함께 인턴사원으로 일했는데, 그들도 팀장의 지시대로 야근을 했다. 당시 필자는 퇴근 후 밤에 해야 할 일이 있었기 때문에 매일 야근을 할 수 없어서, 항의를 하여 권리를 찾았다.

아버지의 뜻에 따라 일단 정규직으로 입사할 계획 세우고,
주식 투자 계속

당시 아버지께서 졸업 후 진로에 대해 제시한 원칙이 있었다.
'너는 서울에서 일 해야 하고, 국내 대기업이나 중견기업에서 일 해야 한다'.

필자는 아버지께서 제시한 원칙을 따르고 싶었다. 그러나 아버지께서 제시한 대기업이나 중견기업에서 급여 소득자로 정해진 일을 하기에는, 필자가 바라는 목표와 괴리가 있었다. 그러나 그 때만 해도 일단 졸업 후 정규직 직장에 입사하는 것을 원칙으로 삼고 있었다. 첫 직장에서 일한 후 재도전을 할 수도 있었기 때문에 선택의 여지는 많다고 생각했다.

한편 어학연수를 마치고 한국에 돌아와 주식에 집중하면서 2013년 5백만원으로 시작한 주식투자금이 계속 불어났다. 주식은 주로 학교에서 수업이 없는 쉬는 시간을 이용했고, 강의가 없을 때는 학교 전산실에 가서 했다. 2013년부터 경기가 회복되면서 주식시장도 활황이었다. 그런 탓에 2014년 투자금 규모가 1천만원으로 증식되어 한 때 주식에만 전념할까도 생각했다.

투자훈련 03
단타투자와 대출로 1억6천만원 투자금 증식,
몰빵 투자로 빚 더미에

2014년 3학년이 되면서 카카오와 스마트폰 섹터가 호황을 누렸다. 이 때 3G와 반도체와 같은 IT관련 주는 모두 수익이 발생했다. 시장이 성장하는 만큼 기업의 성장이 담보되었기 때문에 매수한 주식도 상승세를 유지했다. 사실 이 때는 시장이 좋았기 때문에 IT 관련 주들이 모두 상승했다. 그런데 이때 필자는 마치 '주식의 천재'나 된 듯이 우쭐한 기분이 들었고, 그로 인해 자만심까지 생겼다. 2014년 3학년 즈음 IT 관련 주식이 호황을 누리면서, 한 때 필자는 반도체 기업에 취업하려고 준비를 하기도 했다. 필자는 졸업 후 기업에 취업할 생각을 하며 학교 수업을 하는 가운데, 주식 투자에 몰두했다.

2015년 반도체 호황으로 자본금 4천만원 증가,
단타 매매하며 1500개 주식 공부

2015년이 4학년이 되면서 반도체 산업이 호황기를 맞이했다. 이때 코스닥 지수 2000 포인트를 돌파하고 있었다. 필자의 자본금도 1,500만원에서 4천만원으로 증가했다. 매매 기준도 없이 단타 위주로 주식 거래를 하며 1.5배 수익을 올렸다. 2015년 무렵부터 필자가 하던 매매기법은 3가지다. 총액의 30% 선에서 단타를 했는데, 단타의 기준은 하루를 넘지 않았다. 이 방법은 단기간에 투자금을 늘리기 위해서였다. 500만원씩 8개 종목을 하면 그 중 1-2개 종목은 손실이 나는 반면, 평균 2-3배 투자금이 증가했다. 그리고 투자할 때는 저평가된 주식을 매수해서, 오를 때 파는 기법이었다. 이 때 주로 전기자동차, AI, 메디칼 산업의 종목에 투자했고, 상장사 2000개 중 1500개 회사 공부를 하고 기업의 가치를 파악했다.

기업리포트 작성하며 지표 만들어 관련 분야 주식 투자,
70% 성공률로 투자금 증식

이 때 네이버증권에 시가총액 상위 100개 종목의 기업 리포트를 작성하며 주식공부를 했다. 주로 동일업종을 체크해서 종목을 정하고 거래를 했다. 커피판매업 같은 경우 제품은 우수하지만, 브랜드 인정을 받지 못하는 종목을 찾았다. 그리고 관심 분야 기업은 1주일 동안 10, 20개로 매입해서 몇 개월 후 매도했다. 이런 방식으로 하면 10개 중 7개는 성공하고, 2-3개는 실패했다.

리스크 관리 위해 분할매수와 분산투자 원칙 세워 지키며, 수익률 높여가고

다음으로 이 때 필자가 정한 거래 원칙은 분산투자와 분할매수였다. 예를 들면, 1천만원을 투자할 경우 한 번에 모두 매수하지 않고 2-3번으로 나눠서 분할 매수를 했다. 주식의 가격이 떨어질 가능성은 평균 51%다. 리스크 관리를 하려면 반드시 분할매수를 하여야 수익률을 높일 수 있다. 분산투자의 경우 업종별 투자를 해야 하는 한편, 성장 가능성이 있는 기업에 투자를 해야 한다. 이유는 매일 주가 변동이 있기 때문에 리스크 관리를 해야 하기 때문이다. 모든 섹터가 하루에 오르지 않기 때문에 한 분야만 투자를 하면 자금 회전률이 낮다. 그리고 무엇보다 통장에 자금을 넣어두지 않고 계속 투자를 하여 자금 회전률을 높였다. 그런 과정에 의해 그 해 필자는 1천5백만원 투자해서 4천만원까지 투자금을 증식하여 300%에 가까운 수익을 거두었다.

2015년 봄은 2007년 미국발 금융위기를 완전히 극복하고 부동산도, 증시도, 실물경제도 호황을 누렸다. 경제지표를 보면서 필자는 4천만원의 투자금을 더 증액하기 위해 대출을 활용했다. 당시 4천만원의 현금으로 청년신용대출로 2천5백만원을 장기 저리로 대출받았다. 그리고 6천5백만원을 증권계좌에 넣어 증권사 신용대출로 1억 정도 받았다 그 결과, 당시 운용하는 총 투자금 규모가 1억6천만원으로 증식되었다. 투자금 규모가 늘어난 것까지는 문제가 없었다. 문제는 투자 종목에서 일어났다.

당시 자동차 장비를 제조하는 회사 뉴 프라이드가 면세점에 화장품을 납품하는 비즈니스를 시작한다는 정보가 시장에서 나왔다. 당시 유커들 쇼핑 관광붐으로 면세점 사업이 활황이었기 때문에 뉴프라이드 주식이 황금알을 낳는 거위로 인식되기 시작했다. 필자도 그점에 동의를 하면서, 뉴프라이드 한 주당 18,000원에서 20,000원, 심지어 23,000원할 때까지 1억6천만원을 모두 쏟아 넣었다.

그러나 기대한 대로 주식이 오르지 않고 박살이 났다. 1억6천만원 어치의 주식을 정리하니 부채가 3천만원이 되었다. 지금 돌이켜 보면 모든 측면에서 무모해 보이는 투자방법이었다. 당시 원칙으로 세운 분산투자와 분할매수도 지키지 않았다. 이 때는 지금 들어가지 않으면 큰 이익을 놓친다는 생각으로 한 바구니에 모든 것을 담았다.

[표5-3-1 2015년 1,500만원 투자금으로 거래한 섹터별 매매 종목]

섹터	바이오제약	반도체	2차전지	플랫폼
투자금	400만원	400만원	400만원	300만원
종목	바이로메드 (현 헬릭스미스), 녹십자, 대웅, 대웅제약, 파미셀, 명문제약, 경남제약	삼성SDI, 신성델타테크, 톱텍, 네패스, 한미반도체, 서울반도체	SK이노베이션, 일진머티리얼즈, 원익피앤이, 톱텍, 포스코케미칼	네이버 카카오

주식 반토막나고 증권사 반대매매 당한 후,

부채 3천만원 남아 실패의 쓴 맛을 보며

　그런데 주가가 3, 4번 하한가를 치더니 2달 사이에 주식은 반토막이 났다. 뉴프라이드 작전세력이 주식으로 한탕을 하기 위해 주가 조작을 한 것으로 판명이 났다. 필자가 투자한 1억6천만원은 8천만원으로 반토막 났고, 남아있던 주식은 신용대출을 해준 증권사의 반대 매매를 당했다. 그 결과, 뉴프라이드에 몰빵한 투자금은 모두 없어지고, 증권사 대출 일부가 3천만원 부채로 남았다. 2015년 4학년 여름에 태어나서 처음 3천만원의 부채를 떠안고 증권 시장에서 실패를 맛보았다. 실패의 맛은 썼고, 혼자서 그 실패를 감당할 힘을 잃었다.

투자훈련 04
절망감에 자살을 시도했으나,
다시 일어나 새벽 신문배달하며 빚 갚고

1억6천만원을 몰빵 투자한 결과, 손실이 나자, 통장에 남은 것은 3천만원이었다. 부채를 모두 정리하자 마이너스 3천만원이 되었다. 당시 짧은 기간 투자를 한 결과, 경험과 부채만 남은 꼴이었다. 생전 처음으로 3천만원의 부채를 안게 되자, 잠시 이성을 잃고 패배자의 마인드만 가진 사람이 되었다. 삶의 의욕도, 자신감도 잃었고, 앞으로 어떻게 극복할 것인지 생각할 힘도 잃었다.

당시 필자는 절망에 빠져 세상을 살아갈 힘도 용기도 잃어버렸다. 그런 순간에 '사람이 할 수 있는 선택이 무엇일까'에 대해 생각해 본 적이 있다면 알 것이다. 그 순간 필자는 죽고 싶었다. 다시 일어설 용기도, 아버지와 어머니를 뵐 면목도 없었다. 친구를 볼 용기도 없었고, 선후배를 다시 볼 자신감도 없었다. 극단적인 절망감에 빠진 필자는 깜깜한 밤에 한강으로 갔다. 그리고 마포대교 난간에 올라섰다. 그 때 필자와 같이 마포대교 난간에 올라서는 한 아저씨를 보게 되었다. 순간 우리 두 사람 눈이 마주쳤다.

'저 분도 나처럼-----.'

그런데 이상하게 그 분과 눈이 마주친 순간 아버지, 어머니가 떠올랐다. 아주 찰나의 순간에 한 생각이 스쳐 지나갔다.

'내가 이렇게 스스로 목숨을 끊는다면 지금까지 나를 키워준 부모님에게 얼마나 죄송한 일인가! 아직 세상을 살아보지도 않았는데, 이 나이에 죽기는 너무 억울하다!'

그 날 마포대교에서 나처럼 죽으려고 하는 아저씨를 보면서, 다시 살아야 할 이유를 얻었다. 부모님에게 할 짓이 아니라는 생각, 세상에 태어나 아직 꽃을 피우지 못한 내 인생이 가엽다는 생각 등등. 결국 마포대교에서 내려와 근처 편의점으로 갔다. 어디선가 내 심정을 하소연하고 싶어서 소주와 과자를 사서 마포대교 다리 아래로 가서 소주를 마시며 한참을 울었다. 한참을 울고 났더니, 설움과 억울함이 눈 녹듯이 사라졌다. 맨 정신으로 하숙집으로 갈 수가 없어서 술을 마셨고, 그리고 눈물을 흘리니 카타르시스가 되었다. 술에 취해 몸을 가누기 힘들 즈음 필자는 택시를 타고 학교 근처 하숙집으로 가서 잠을 청했다. 그로부터 일주일 동안 필자는 멍하니 방에서 잠을 자고 일어나서 다시 잠을 청하며, 할 일 없는 사람으로 살았다.

1주일 후 다시 일어나

새벽에 신문과 우유 배달하여 빚을 갚기 시작하고

그렇게 1주일을 보낸 후 다시 일어났다. 무엇보다 빚을 갚아야 했다. 그 때 군대에서 읽은 스티브 잡스 책의 한 구절이 생각났다.

'이른 아침에 일어나 하루를 시작하라!'

돈 없이도 건강한 몸으로 돈을 벌 수 있는 일이 있었다. 아침에 일찍 일어나기만 하면 할 수 있는 일이었다. 그날부터 신문 보급소와 우유 대리점에 찾아가서 할 일을 찾았다.

"내일 새벽부터 와서 하라."는 배급소 소장님의 허락을 받고, 다음 날 새벽 4시에 일어나 5시에 신문 배달을 했고, 6시부터 우유배달을 했다. 배달을 모두 끝내고 집으로 돌아와 7시부터 주식공부를 시작했다. 그리고 8시에 학교로 가서 9시부터 첫 수업에 들어갔다. 신문과 우유 배달을 하며 번 돈으로 4달 동안 증권사에 진 빚을 일부 갚아 나갔다. 그 때 청년 대출을 받아 일부 빚을 갚았고, 매달 20만원씩 불입하는 대출 통장을 아직도 가지고 있다. 그렇게 빚을 갚으면서 마음을 추스르는 가운데, 다시 한 번 '할 수 있다!'라는 자신감을 얻게 되었다.

3개월 동안 욕망에 이끌려 돌진하다가
돌 뿌리에 넘어져 피 흘린 후

  2015년 봄부터 6월까지 3개월 동안 필자는 천당과 지옥을 오가
며 주식 시장을 몸으로, 마음으로 배웠다. 생전 처음 1억6천원의 주
식 투자금을 운용하는 가운데, 이성을 잃고 욕망과 감에 의존해 주
식을 사고 팔았다. 마치 무엇엔가 홀린 듯이 앞으로 달려가는 자신
을 스스로 제어할 수 없었다. 아무런 제제도 없이, 무한히 앞으로 갈
수 있는 듯 목표를 향해 달려갔다. 그러나 돌 뿌리에 걸려 넘어졌기
에, 무릎이 깨지고 피가 철철 나는 지경에 처했다. 필자는 그 피를
보고 잠시 공포를 느끼기도 했다. 그러나 절망의 끝까지 내려가서
더 이상 내려갈 나락이 없을 즈음 다시 본연의 자세로 돌아왔다. 그
리고 다시 주변과 기댈 수 있는 사회적 환경을 살피며 현실의 삶으
로 돌아갈 수 있었다.

투자훈련 05
포기하지 않고 다시 공부하며,
새 기회를 만들다

    주식공부를 다시 시작하면서 먼저 전날 미 증시 분석을 했다. 매일 나스닥에서 상승한 종목을 찾아 그 원인을 분석했다. 왜냐하면 한국 증시는 미국 나스닥에 영향을 받았고, 전날 미국 증시는 한국 증시 방향을 가늠할 수 있는 기본 데이터였다. 애플, MS, 구글 등 미국에서 가장 주가가 높은 빅테크의 증시 그래프 차트를 본 후에 이를 해당 기업의 재무 재표와 비교했다.

한국 코스닥과 코스피 상위 100개 종목 분석,
산업 흐름과 관련 섹터 기업 파악, 마인드셋 위해 노트에 기록이와 함께 국내 증시도 코스피와 코스닥 1위부터 100개 상위종목을 분석했다. 시가총액 1위 삼성전자 주식의 재무재표와 주식 매수자를 보면 주가 상승의 이유가 반드시 보인다. 특히 국내 주식 시장의 상위 100개 기업을 조사하여 분석하면, 산업의 흐름을 이해할 수 있고 관련된 수많은 기업들도 파악하게 된다. 그리고 상장사 2600여개 기업도 모두 파악할 수 있다. 매일 주식시장에서 기업의 시가총액이 변화하기 때문에, 매일 장의 흐름을 파악하며 시장을 읽을 수 있었다.

기업 주가와 증시 변화를 알 수 있는 지표는 네이버 증권에 일목요연하게 정리되어 있다. 코스피, 코스닥 기업의 시가총액을 알면 기업의 가치와 특정 기업이 지니고 있는 가치와 그 이유를 파악할 수 있다. PER는 기업의 가치를 나타내며, BPS는 1주당 순자산 가치를 나타낸다. BPS가 현재 주가보가 높다면 주식이 저평가되었다고 볼 수 있다.

그 때부터 기업 주식을 공부하면서 눈으로 읽고 끝내지 않았다. 그 보다는 1위부터 100위까지 기업과 주식가치에 대해 마인드를 하기 위해 손으로 노트에 적으면서 정리를 했다. 그런 과정을 거쳐 기본 지표를 보면서 매매동향도 파악했다. 매매동향을 보면 주식을 거래한 기관들을 알 수 있다. 주식 매매 기관들을 보면 외국인과 기관 투자자들도 알 수 있고, 이들이 매수를 하면 주가가 올라간 것을 파악할 수 있었다. 예외도 있었다. 외국인이나 기관들이 주식을 매도

할 때 상승하는 주식도 있다. 개인들이 따라 들어가서 매수를 하는 경우인데, 이 경우 개미 투자자들이 손해를 보게 된다.

기관 중심의 코스피보다
개미 투자자 많은 코스닥에 주가 조작세력이 쉽게 개입

2015년 6월부터 기본적으로 주식시장 공부를 하면서 코스닥 기업에 대해 파악하기가 힘든 점을 발견했다. 그 이유는 코스피보다 코스닥 시장에서 세력에 의해 주가 조작이 심하기 때문이었다. 외국인이나 기관 투자자는 코스피에 투자를 많이 하기 때문에 주가를 인위적으로 움직이기 힘들다. 이에 비해 코스닥에서는 개미 투자자들이 많고 기관 투자자들이 적기 때문에, 주가 조작이 쉽게 가능하다. 몇 년 전 주가 조작으로 사회적 물의를 일으킨 신라젠, HLB, 코오롱 티슈진 모두 코스닥 주식이고, 바이오주로서 작전주였던 점을 상기해보면 쉽게 이해가 될 것이다.

투자훈련 06
학업하며 용스탁 동호회 1,000명 회원들과
정보 나누며 강연도 하다

2015년 4학년을 마치고 2016년 졸업을 해야 했지만, 필자는 학점 미달로 그 해 졸업을 하지 못했다. 졸업에 필요한 학점을 따기 위해, 2016년, 2017년 2년 동안 등록해 학과목 수업을 받으면서 미래 진로에 대해서도 원칙을 세웠다.

1. 취업은 하지 않는다.

1. 학교는 계속 다닌다.

1. 주식을 하며, 용스탁 동호회를 만들어 운용한다.

지인과 친구들의 요청으로 '용스탁' 운영,
무료로 종목 추천

    이런 원칙을 세운 이유는 필자가 주식하는 것을 아는 친구들이나 지인들이 주식정보 공유를 원했기 때문이다. 처음 100명 회원으로 시작하여, 몇 달 후 회원이 500명으로 증가했다. 회원 중에는 친구들의 부모님도 계셨다. 당시 회원들이 최정용의 마지막 이름자를 따서 필자를 '용팀장'이라고 불렀다. 이 때부터 자산운용사나 증권사에서 스카우트 제의도 꽤 들어왔다. 그러나 조직에 들어가 일하기보다는, 회원들과 소통할 수 있는 정보공유방을 운용하며 주식투자를 계속했다.

    당시 필자는 네이버에 '용스탁' 카페를 만들어 운영했다. 회원들이 500명이 넘어서면서 등급별로 분류를 하기도 했다. 회원들에게는 무료로 종목을 추천하고, 업종 트렌드에 대해서도 정보를 제공했다. 회원들 중에는 자금 운영 규모가 큰 중소기업 대표들도 있었다. 2017년 11월 처음으로 용스탁 20여명의 회원들과 정기모임을 서울역 근처 참치음식점에서 갖기도 했다. 용스탁 회원들과는 이후로도 계속 교류하며 증권 관련 정보를 나누고 있다. 우리는 경제공동체의 유대감을 기반으로 인간적으로도 깊이 신뢰하는 친구가 되었다.

2017년 바이오붐으로
작전주 주식 15배 오르기도

2017년은 바이오붐이 일어서 주가가 15배까지 오른 주식도 있었다. 한 작전주의 경우 매수 가격이 17,000원이었는데 90,000원까지 상승한 경우도 있었다. 그 대표적인 사례가 신라젠, HLB, 바이로매드 같은 종목이다. 소위 말하는 작전주의 경우 주식시장에서 소문을 타고 기관 투자자들이 매수하면서 주가가 오르기 시작하면 개인 투자자들도 정신없이 사재기 시작한다. 이 때 작전주의 본질을 알고 매수를 하는 투자자는 없다. 필자도 당시에는 작전주의 성격을 정확하게 파악하기 힘들었다. 그만큼 작전 세력들이 교묘하게 증권 시장에서 전략적으로 조작과정을 추진하기 때문이다.

용스탁 카페 운영하여
회원들 소개로 기업 강연도 진행하고

이 때 추천종목을 받던 회원들이 강연을 주선하여, 기업에서 증권 관련 강의를 하기도 했다. 또한 이 분들이 업계의 좋은 사람을 소개해주기도 했다. 이 때 소개받은 주식시장의 베테랑 대표로부터 선물에 대한 지식도 얻게 되어 선물거래를 하기도 했다. 그런 과정을 통해 그 동안 혼자 주식시장 공부를 하면서 터득한 지식과 경험에 더해 투자상품에 대해 눈높이를 한 단계 높이는 계기가 되었다.

2017년 비트코인과 선물 투자 시작했으나,
육체적 피로도와 불확실성 때문에 포기

특히 2017년 연말 즈음 비트코인을 접하게 되었다. 주식보다 성과가 더 나오기도 했고, 투자 목적으로 궁금해하는 사람들이 많아서 필자도 공부를 했다. 2017년 비트코인 주식을 시작한 후 10배 수익을 내기도 했다. 투자 측면에서는 좋은 투자 종목일 수는 있었지만, 선호하는 투자 종목은 아니었다. 그 이유는 워낙 등락폭이 크고, 해외 시장 기반이기 때문에 24시간 주목해야 한다는 측면에서 피로도가 심했다. 그런 점 때문에 2018년 3월까지만 비트코인에 투자했다.

2018년 더 큰 투자시장을 체험하기 위해 새로운 시도를 했다. 2012년 알게 된 선물 시장에 2018년부터 투자를 시작한 것이다. 선물은 콜옵션Calloption과 풋옵션Footoption을 사용하면서 초 단위로 배팅을 해야 하는 상품이다. 미국 시장은 한국 시간으로 밤 10시에 개장해서 밤 11시부터 12시까지 가장 치열하게 움직였다. 선물 시장에서 거래되는 품목은 원유, 옥수수, 구리 등 기업에서 거래되는 모든 품목이 그 대상이다. 수익 측면에서는 나쁘지 않은 종목이기는 했다. 그러나 2018년말 선물 시장도 포기했다. 그 이유는 시간대가 맞지 않아서 오전에 일해야 하는 입장에서 육체적 피로도를 극복하기 힘들었기 때문이다.

투자훈련 07
2018년 졸업 후
주식 투자하고 모교에 교직원으로 일하며,
평생 삶의 목표 정립

2018년 2월 말 국민대학교 전자공학과를 졸업하고, 정식으로 경제활동을 하는 사회인이 되었다. 국민대학교 교직원으로 취업해 2019년 2월까지 1년 동안 근무했다. 당시 업무는 교내 전산실에서 컴퓨터를 관리하는 것이었다. 학생들이 사용하는 전산실에 문제가 생기면 조교들에게 해결하는 조치를 내렸다. 전자공학과 출신인 필자에게는 어렵지 않은 일이었다. 학교에서 교직원으로 근무하면서 틈틈이 주식 공부도 하고 증권 투자도 했다.

교직원 취업 후 부모님 집 방문,

투자 수익금으로 산 아우디 R8 보여주고 인정받으며

그 해 4월 교직원으로 근무하면서 부모님께 그 동안 주식투자를 해왔다는 점을 고백했다. 그 해 평소 갖고 싶었던 아우디 R8 중고 자동차를 7천만원에 뽑았다. 이 때 주말에 안산 본가로 방문한 필자를 보시더니 아버지께서 물어보셨다.

"웬 차냐?"

필자는 당당히 아버지께 말씀드렸다.

"증권해서 샀습니다."

그렇게 말씀드리니, 아버지께서 이외의 대답을 하셨다.

"잘 했다!"

필자는 평소 아버지께서 필자의 의견을 존중해주시기를 원했지만, 흔쾌히 그렇게 말씀하시리라고는 기대하지 않았다. 역시 아버지는 생각한 것보다 훨씬 더 멋진 분이었다. 사실 아버지, 어머니께서는 성장과정 동안 항상 기본 원칙만 제시하셨고, 모든 선택과 행동을 자율에 맡기셨다. 필자는 중학교 시절부터 학교를 떠나 더 큰 사회를 접하며 어른들이 일하는 세계를 빨리 배워 기업가정신을 함양할 수 있었다. 부모님은 필자의 전공, 진학, 취업, 결혼 등과 관련된 어떤 선택에도 간섭하지 않으셨고, 필자의 선택을 존중해주셨다.

퇴근 후 기업 포트폴리오 만들고 강의 준비하며,

유투브 동영상도 올리기 시작

하루 업무를 마치고 학교에서 퇴근한 후에는 기업 리포트를 만들고 강의 준비를 하기도 했다. 이 때부터 기업의 포트폴리오를 작성해서 비교분석을 본격적으로 했다. 당시 강의를 하면서 제시하는 기업 정보나 증권 관련 지식이 설득력을 가져야 했기 때문에, 자료를 만들고 스스로 비교 분석할 수 있는 능력을 키워갔다. 강의를 통해 필자가 가진 지식과 정보에 대해 검증 받고 객관성을 확보하게 되면서 자신감을 갖게 되었다. 그래서 2019년부터 증권 투자자들을 대상으로 유투브 동영상을 찍어서 올리기 시작했다. 증권 투자에 대해 정보가 필요한 사람들에게 도움을 주면서 전문가로서의 존재를 알리는 가운데, 전문가로 도약하는 일을 차근차근 준비해갔다.

투자훈련 08
투자 전문가의 길 선택,
고객의 수익증대로 평가받고 보람 느껴

　　모교 전산실에 근무하면서 필자는 평생의 진로에 대해 생각했다. 그 결과, 증권투자를 평생 직업으로 선택하기로 결정했다. 그러면서 대학교 교직원 근무는 1년만하기로 결정했다. 그래서 애초 결심대로 1년 후인 2019년 2월 국민대에 사표를 낸 후 다른 선택을 하기로 했다. 그러던 차에 운영하던 동호회 회원으로부터 2018년 말부터 "우리 회사의 애널리스트로 근무해보지 않겠냐?"라는 제안을 받았다.

[표5-8-1 투자훈련을 어떻게 할 것인가]

◆ 투자훈련팁 ◆
성공적인 증권투자자 되기 위해
어떻게 투자훈련을 할 것인가?

---

01. 먼저 매일 오전 9시부터 3시30분까지 장에 들어가 장이 펼쳐지는 상황을 살펴보고, 미국 증시 현황도 매일 분석해야 한다.

02. 1년간 매일 상승하는 상위 100위 종목을 파악하고 각 종목의 기업현황, 매수기관, 현재와 미래 사업 종목과 투자 현황을 파악하고 노트에 기록하며 머리에 넣자.

03. 오전 9시부터 9시30분까지 가장 매매가 활발한 시간에 반드시 증시 상황을 살핀 후 현재 가장 매매가 활발한 종목과 섹터를 파악하자.

04. 증시 그루들의 책을 읽고 그들의 투자철학과 전략을 이해하고 각자의 투자철학과 전략을 모색해야 한다.

05. 소재가 있는 종목은 기업정보를 토대로 지켜본 후 실사를 하여 정보의 진위를 파악한 후 매수하자.

06. 저축, 아르바이트 등으로 투자금을 확보하고, 1백만원이 되면 투자를 시작해보자.

07. 매일 기업뉴스와 증권 관련 사이트를 보며 기업 정보를 파악하고, 각자 분석한 정보가 정확하다고 판단되면 매수, 매도하고 장기와 중기주, 단기주, 단타 종목을 정해야 한다.

08. 반드시 섹터별 폴트폴리오를 구성하고, 종목 매수에 들어갈 때는 3분할 매수하여 리스크 관리를 철저히 한다.

개인적인 투자 인정받고 투자자문사에서 애널리스트로 일하며

입사 1년 차에 학교에 사직서를 내고 다시 진로에 대해 생각했다.

'내가 평생 할 직업은 증권투자인데, 이 참에 증권투자 컨설팅 회사를 차려서 운영해볼까?'

이런 생각을 할 즈음 동호회 회원인 J본부장이 근무하던 H투자자문사로부터 스카우트 제안이 공식적으로 들어왔다. 자문사 대표와 가진 인터뷰 때 조건을 제시했다. 필자가 제시한 조건이 수용되어 2019년 3월부터 애널리스트로 근무하기 시작했다. H투자자문사에서 애널리스트로 일하며 투자할 만한 상장 주식 정보를 고객에게 제공해주는 역할을 수행했다.

이 때 IT, 바이오, 중화학, 헬스케어, 플랫폼 등 5가지 산업군별로 분산 투자하여 포트폴리오를 구성했다. 그리고 재료가 있는 기업을 발굴하고, 해당 기업에 대해서는 현장 방문을 하며 실사를 반드시 했다. 회원들에게는 저가 매수할 기회를 주고 공시가 뜨는 시간에 시세차익을 보고 매도할 수 있도록 매도사인을 냈다. 특히 2020년 봄 주식 계좌 2천만 시대에 1가구 1계좌라고 할 정도로 전가구 주식 투자 시대가 열렸다. 그 만큼 주식 시장은 커졌지만, 수익률 달성은 여전히 힘든 일이었다.

회원들에게 투자 수익 안겨주는 종목 발굴, 애널리스트로 일하는 기쁨 느껴

H투자자문사에서 애널리스트로 근무를 시작하면서 필자는 투자 종목을 받아서 투자를 하는 일반 고객들로부터 많은 전화를 받았다. 그들 중에는 오랫동안 증권에 투자를 하고 있던 전문가적인 안목을 가진 사람도 있었고, 증권 투자 1년 미만의 초보자도 있었다. 증권 투자 경험과 연륜이 어느 정도인가를 막론하고, 증권 투자자 모두 투자성과에 대한 관심이 지대했다. 그런 만큼 필자는 고객들이 투자 수익률을 높일 수 있는 방법을 찾기 위해 매일 주가동향을 살피고 기업 경영성과 자료를 분석하는 가운데, 새벽에 시작되는 나스닥에 대한 정보를 취합했다. 그리고 주가에 영향을 미칠 수 있는 재료나 경영성과를 주목하며 기업 실사를 게을리하지 않았다.

그런 과정을 통해 선택한 종목 정보를 통해 연간 수익률 300-400%

까지 도달하는 회원도 있었다. 그 결과, H투자자문사 회원도 1년 동안 5천명 이상 증가했다. 물론 그에 따라 인센티브도 받았다. 당시 증권투자를 통해 증권에서 돈을 벌 수 있다는 긍정적인 인식을 하는 사람들이 증가했다는 점에서 필자는 하는 일에 보람을 느끼기도 했다.